검은 불꽃과 빨간 폭스바겐

검은 불꽃과 빨간 폭스바겐

낯선 경험으로
힘차게 항하는
지금 이 순간

조승리
수필집

추천의 글

조승리 작가가 자신의 삶에 대해 쓰기 시작한 것은 우리 독자들에게 큰 축복이다. 부지런한 독서가이자 지치지 않는 여행자인 그는 글을 통해 우리의 견문을 넓혀준다. '견문'이란 말에는 볼 견(見) 자가 들어가는데, 볼 수 없는 조승리 작가가 쓴 글을 읽으면 잊지 못할 장면들이 마음속에 선명히 나타나니 참 신기하다. 하긴 이것이 바로 좋은 글이 해내는 일이다. 볼 수 없는 것을 보게 하는 일. 한 편 한 편이 모두 단편소설 같다. 강렬한 이미지, 아픔, 유머, 끈끈함과 헛헛함이 깊은 감정으로 엉겨 있다. 수박의 달콤 짭짤한 맛 같은 글들. 조승리 작가는 끊임없이 여행한다. 그것은 세상 곳곳으로의 여행이기도 하지만 또한 기억과 내면으로의 여행이다. 이 책의

등장인물을 따라 나도 이렇게 말하고 싶어진다. "세상을 많이 보고 다녀요. 그리고 당신이 본 세상을 글로 써요." 나는 조승리 작가가 보는 세상을 계속 따라가며 읽고 싶다.

— 김하나(작가, 『금빛 종소리』 저자)

우리는 이 책에서 조승리가 세계에 맞서 승리하는 순간이 아닌, 이해하려 분투하는 장면을 다수 만난다. 그 분투가 심각하지만은 않다. 시각장애인 친구를 여럿 이끌고 필리핀, 그중에서도 사고가 끊이지 않는 음습한 여행지로 무작정 날아간다고? 장애가 있는 사람이 일상을 보내고 삶을 헤쳐가는 가지각색의 모습에 익숙한 나조차 이런 이야기 앞에서는 화들짝 놀란다. 자신을 코앞에 두고도 "저런 사람들"이라고 지칭하는 식당 주인 앞에서, 어깨를 곧게 펴고 그가 만들어준 국을 떠먹는 장면은 어떤가. "저런 사람들"의 이야기를 더 많이 들려주겠다고 마음먹는 이 저자는 대체로 어처구니없고, 평범하고, 강인하다가도 연약하고, 간혹 위엄이 있다. 그 모든 상황에서 끝끝내 세계를 이해하려 애쓰기를 포기하지 않는다. 그리고 장애를 이해하려는 사람들 덕에 용기를 얻고 세상을 향해 나아간다고 쓴다. 장애를 '이해하는' 사람이 아니라 '이해하려고' 노력하는 사람들 말이다. '저런 사람'도 '이런 사람'도 아직 잘은 모르지만, 그 사람들을 이해하고자 노력하는 독자라면 조승리의 글을 읽고 싶을 것이다.

— 김원영(공연예술가, 『온전히 평등하고 지극히 차별적인』 저자)

그녀를 만나고 세상을 느끼는 법을 다시 배웠다. 툭툭 던지는 재치와 유쾌한 문체로 세상을 해석하는 글을 읽고 있으면 그녀의 시원스러운 미소가 떠오른다. 절절함과 무심함이 하나인 듯한 삶.

누가 그랬나. 인생은 가까이서 보면 비극이지만 멀리서 보면 희극이라고. 그런 그녀를 아무도 흉내 낼 수 없고 대신할 수 없다. 그러나 그녀의 글을 읽다보면 어느새 내 삶의 무게가 가벼워지는 신기한 경험을 하게 된다. 그녀가 그렇게 사는 것처럼.

— 이은정(장애인 활동지원사)

프롤로그
나는 이렇게 봅니다

부산 북토크 현장이었습니다. 여성 독자님이 제게 여행지의 추억 하나를 공유해달라고 요청하셨습니다. 저는 가장 최근 여행지였던 백두산 천지의 여행담을 나눴습니다. 천지까지 1,442개의 계단을 오르며 들었던 생각, 타인의 눈으로 관찰했던 풍경, 정상에 올라 천지 앞에 섰을 때 느낀 감동을 말씀드렸습니다.

독자님은 결국 천지도 안내자의 설명으로만 감상한 게 아니냐며 안타까워했습니다. 저는 곰곰이 생각에 잠겼습니다.

'나는 천지를 시각으로 느끼지 못해 아쉽고 속상했던가?'

결론은 '전혀 그렇지 않다.'였습니다.

보이지 않는 이들에게는 그 나름대로 풍광을 감상하는 법이 있습니다. 마지막 1,442번째 계단을 올랐을 때 인파의 감탄이 눈앞의 어둠을 밀어냈습니다. 서늘히 불어오는 바람이 눈앞에 푸른 캔버스를 밀어다 놓습니다. 시리게 내리쬐는 햇살이 캔버스 위에서 부서지며 빛의 입자로 채색합니다. 저는 눈동자 속에 푸른 하늘과 하늘빛으로 빛나는 호수를 그립니다. 저는 그렇게 시간과 공간을 생동감으로 기억하고 감상합니다. 천지 앞에서의 냄새, 웅성이던 사람들의 소리, 피부에 닿았던 공기의 질감. 낯선 감각은 새로운 자극이 되어 넓은 사고와 깊은 사유로 저를 이끕니다. 시력을 대신할 감각이 얼마든지 있다는 사실에 저는 감사합니다.

독자님에게 제가 어떻게 천지를 보고 느꼈는지 말씀드렸습니다. 그러자 날씨가 안 좋아 천지를 못 봤다면 무척 아쉬웠겠다며, 만일 천지를 못 봤다면 무척 실망했을 것 같냐고 제게 물었습니다. 저는 그 질문에 솔직하게 답할까 말까, 잠시 고민하다가 정제되지 않은 날것의 저를 보여드리기로 했습니다.

"천지를 못 봤어도 저는 상관없어요. 오히려 기뻤을걸요. '나도 못 보는데 당신들도 못 봤지? 쌤통이다. 역시 세상은 공평하다니까.' 하고 속으로 고소해했을 거예요."

제 고약한 속마음을 그대로 털어놓자 독자님이 충격받은 것처럼 뇌까리셨습니다.

"어머! 너무 못됐어. 근데 그게 좋아!"

우리의 대화에 장내는 웃음바다가 되었습니다.

첫 책이 독자님들께 많은 사랑을 받았습니다. 부끄럽고 신이 나고 으쓱했습니다. 그러다 겁이 났습니다. 더 예쁨받고 싶고 더 좋은 글로 칭찬받고 싶었습니다. 신나서 쓰기 시작했던 원고가 부담이 되자 하기 싫은 숙제처럼 느껴졌습니다.

이런 제 고민은 독자님들을 현장에서 만나며 모두 날아갔습니다. 독자님들이 진정 제게 바라는 것은 수려한 문체나 화려한 에피소드가 아니었습니다. 진솔한 감정의 고백이었습니다. 상실된 감각을 핑계 대지 않고 꿋꿋이 살아가는 삶을 응원해주고 싶어 한다는 사실을 알았습니다. 두 번째 수필집은 현재의 일상과 삶을 대하는 저의 태도를 담았습니다.

못됐지만 그게 좋다고 해주신 독자님들께 모난 마음, 뜨거운 고백의 글로 보답하겠습니다.

일러두기

본 책은 저자의 《경향신문》 연재 칼럼 〈조승리의 언제나 삶은 축제〉 및 월간 《샘터》 연재 글을 일부 포함하고 있으며, 저자의 원문을 바탕으로 엮었습니다.

일부 표현은 표준어를 따르지 않고 입말 또는 방언으로 표기하였습니다.

목차

추천의 글 5

프롤로그
나는 이렇게 봅니다 9

1장
세상이 너무도 보고 싶어서

허기진 혼령들의 축제 19

끝없는 벌판 27

나의 용사님 37

두만강 앞에서 47

1,442개의 사연 55

진정한 클라크 63

사랑과 도박은 한 끗 차이 73

여름날의 재즈 연주 81

베트남, 그 비린 기억 87

뜨거운 차별 97

최고의 샌드위치 105

2장
덥지도 않은데 열이 난 순간들

공허함을 채우는 필러 1cc 117

눈먼 바리스타의 숫자 세기 125

악마와 함께 춤을 131

모네의 정원을 걷다 139

벚꽃을 느끼는 방법 145

봄 손님 151

어른이 되는 순간 157

덥지도 않은데 열이 났다 163

여전히 비겁했다 173

수박은 눈물 맛 185

나프탈렌 냄새가 밴 지폐 한 장 191

추노 197

당신의 길을 따라 걷다 205

3장
우리는 어떻게든 살고, 살아갈 것이다

의문의 일 패 213

저런 사람 219

불의에 맞서는 방식 225

꿈이 피어나는 순간 231

빵 석 대의 추억 237

엉터리 현자들 243

집에 화분을 들였다 249

각자의 연민 257

고향이 되어줄게 265

검은 불꽃과 빨간 폭스바겐 273

에필로그 285

1장
세상이 너무도 보고 싶어서

이번 베트남 여행에서 가장 많이 들은 말은 "비 케어풀."과
사기당할까 봐 걱정된다는 현지인들의 말이었다.
그들의 선의가 내 옆을 지켜주었다.
고국에 도착하니 영하의 날씨가 나를 마중 나와 있었다.
어제 기록적인 폭설이 내렸다고 했다.
얇은 옷차림 때문에 몸은 꽁꽁 얼었지만 마음만은 여름 나라에서
데워진 열기로 후끈했다.

허기진 혼령들의 축제

"진짜 오셨네요."

미스터 리가 내게 처음으로 건넨 말이다. 그는 억지로라도 반가움을 짜내지 않았다. 내가 씨익 웃으며 능청스럽게 손을 내밀자 지체 없이 자기 팔을 내주었다. 그가 시각장애인은 처음 안내해본다며 천천히 걸음을 옮겼다. 말투는 쌀쌀맞아도 마음은 그렇지 않은 사내였다.

일주일간 그는 나를 데리고 페낭을 여행해야 했다. 전문 가이드도, 나와 인연이 있던 사이도 아닌 그가 나를 떠맡은 것은 순전히 그의 빈말 때문이었다. 그는 프로그램 개발자로, 내 친구와 약간의 교류가 있었다. 그 교류도 겨우 메일을 몇 번 주고받은 게 전부였다.

그는 인사치레로 자신이 거주하는 말레이시아에 한번 놀러 오라 말했고 그 상투적인 빈말에 붙잡혀 억지로 내 가이드를 떠맡게 된 것이었다.

"세상이 험한데 어떻게 저를 믿고 여기까지 올 생각을 하셨어요."

그가 시내로 차를 운전하며 물었다. 나는 억지를 쓰고 때론 뻔뻔해져야 세상을 구경할 기회가 겨우 생긴다고 대답했다. 그가 고개를 끄덕였다. 나는 기척으로 그 모습을 알았다. 미스터 리가 잊었던 사실을 번뜩 깨달았는지 자신의 행동을 말로 설명했다. 나는 눈치로 알고 있었노라 이야기했다. 그도 나도 더 이상 할 말이 없었다.

빗줄기가 온 힘을 다해 자동차를 두들겼다. 와이퍼가 정신없이 좌우로 움직였다. 조금 열어둔 창으로 물비린내와 옅은 연기 냄새가 들어왔다. 나는 축축한 공기를 폐 속 깊이 들이마셨다. 떠나면서 가슴속에 구겨 넣었던 감정들이 천천히 씻겨 내려갔다.

여행을 권한 사람은 절친한 친구 A였다. 그녀는 내가 점점 좋지 않은 방향으로 변해간다고 조심스럽게 말하며, 현실과 좀 떨어져 있으면 어떻겠냐고 조언했다. 나는 배부른 소리라고 일축했다. 매달 부어야 하는 적금에, 가족들에게 보내야 할 돈을 모으려면 하루도 쉴 수 없다고 내 현실을 일러주었다.

"너 엄청 불행해 보여. 난 네가 자신을 제일 사랑하면 좋겠어."

대수롭지 않게 듣고 잊었다 생각했다. 그런데 A의 충고는 계속 내 머릿속에서 굴러다니며 나를 돌아보게 했다. 그리고 그녀의 말이 옳다는 사실을 인정했다. 나는 나를 한 번도 사랑해본 적 없었다. 불행을 자각하자 현실이 몽땅 불만스러웠다. 감정이 사납게 요동쳤다. 작은 시비에도 크게 화를 냈다. 별스럽지 않은 말에 상처를 입었다. 내게 마사지를 받던 노인이 나이를 묻더니 혀를 끌끌 차며 말했다.

"나이가 억수로 아깝다. 젊어서 왜 이러고 사노. 이렇게 볼품없이 살다 끝나면 억울하지 않겠나?"

나는 노인의 말에 반박할 수 없어 무척이나 수치스러웠다. 체중이 점점 늘어갔다. 미용실을 언제 갔는지 기억나지 않았다. 화장은커녕 립스틱도 바르지 않았다. 목 늘어난 티셔츠가 부끄러웠다.

출근하려고 현관에서 신발을 신다가 다리에 힘이 풀렸다. 눈물이 사정없이 쏟아졌다. 모든 게 억울했다. 눈먼 삶도, 짊어진 책임감도. 나 자신을 버렸던 시간이 후회스러웠다. A에게 전화를 걸어 날 좀 도와달라고 애원했다. 그녀는 잠시 현실에서 벗어나 있을 것을 권했고 나를 말레이시아로 보냈다.

운전하던 미스터 리가 배고프지 않냐고 물었다. 그 말을 듣자 허기가 번뜩 밀려왔다. 그가 나를 인도 음식점에 데려갔다. 원하는 메뉴가 있냐는 그의 질문에 알아서 시켜달라고 부탁했다. 곧 음료와 요리가 나왔다. 망고 라씨와 탄두리 치킨카레와 난이 차례차례 식탁을 채웠다. 그가 내 앞접시에 음식을 덜어줬다. 나는 입속에 그것들을 허겁지겁 욱여넣었다. 미스터 리가 많이 배고팠냐고 물었다. 나는 입속에 잔뜩 넣은 음식 때문에 대답할 수 없었다.

평소보다 많은 양을 먹었지만 배가 차지 않았다. 체면을 차리지도 않고 음식을 더 달라고 했다. 미스터 리가 깜짝 놀랐다. 그가 음식을 더 주문했다. 볶음밥과 해산물 수프를 정신없이 퍼먹었다. 숟가락을 내려놓고 나서야 좀 멋쩍었다. 미스터 리의 어처구니없어 하는 시선이 느껴졌다. 어색한 침묵이 식탁 위를 맴돌았다. 나는 딴청 피우며 주변을 살폈다. 비는 계속 거세게 내리고 손님은 우리 테이블뿐이었다. 벽에 매달린 텔레비전에서 알 수 없는 언어가 흘러나왔다. 분위기를 보아 뉴스나 시사 프로그램 같았다. 미스터 리가 입을 뗐다. 내게 어떤 여행을 하고 싶은지 물었다. 나는 대답할 수 없었다. 머릿속이 텅텅 비어 있었다. 미스터 리는 다그치지 않고, 천천히 생각해서 내일 알려달라고 했다.

식당 문을 나서는데 다시 입에 침이 고였다. 무언가를 더 먹고 싶었다. 마트에 들러 간식거리를 카트 가득 샀다. 미스터 리가 두 손 가득 짐을 들고는 처음으로 "후후." 소리 내어 웃었다. 나도 따라 웃었다. 내 식탐이 어처구니없었다.

이튿날은 해가 쨍쨍했다. 미스터 리가 아침식사로 바나나 로티를 사 왔다. 그가 나를 카페에 앉혀놓고 음료를 사러 갔다. 그사이 나는 바나나 로티를 게 눈 감추듯 먹어치웠다. 밀크티를 사 온 미스터 리가 그 잠깐 사이 그 많은 로티를 모두 먹어치웠냐며 놀랐다. 나는 여전히 허기졌다. 아침을 더 먹어야겠다고 했다.

그가 다음으로 데려간 곳은 해산물 식당이었다. 나는 정신없이 걸신들린 사람처럼 접시를 비웠다. 그가 질린 듯 나를 쳐다보며 걱정했다. 나는 여전히 허기졌다. 미스터 리의 손에 이끌려 반강제로 해변을 산책했다. 벽화 마을을 한 바퀴 돌고 수상 마을로 이동했다. 나는 점심에 뭘 먹으러 갈지 생각하느라 그가 나를 어디로 데려가는지에는 관심이 없었다. 그러다 지독한 향냄새 때문에 기침이 났다. 골목골목 향을 어찌나 피워대는지, 매캐한 공기 때문에 숨이 막혔다. 그가 발밑을 조심하라고 했다. 문턱을 넘어 실내로 들어갔다. 용왕을 모시는 사당이었다. 이 동네는 왜 이렇게 향을 지독하게 피워대는 거냐고 물었다. 미스터 리는 지금이 중원절(中元節) 기간임을 알려줬다. 중원절은 중화권 명절로, 저승에서 배고픈 혼령들이 몰려와 이승에 머물며 돈과 음식을 대접받는 기간이며 '허기진 혼령들의 축제(hungry ghost festival)'라고 불린다 했다. 그 때문에 곳곳에 혼령을 위로하는 제사상이 차려지고 종이돈을 태우는 의식이 벌어진다고 했다. 나는 그의 장황한 설명이 끝나기 무섭게 점심을 먹으러 가자고 했다. 미스터 리는 순순히 나를 근처 식당으로 데려갔다. 이번 식당은 중국 음식을 파는 곳이었다. 그가 여러 가지 음식을 시켰다. 나는 젓가락을 들고 빈 접시를 더듬어댔다. 식탁에 음식이 도착했다. 미스터 리가 내 앞접시에 음식을 놓아줬다. 나는 허겁지겁 젓가락질을 했다.

"맛있어요?"

나는 고개를 끄덕였다.

"지금 뭘 먹고 있는지 알아요?"

감정을 느낄 수 없는 차가운 질문이었다. 나는 입속 음식물을 삼키고 대답하려 했다. 하지만 답을 찾을 수 없었다. 도대체 방금까지 내 입속에 있던 건 뭐였는지 알 수가 없었다. 내가 멍하니 그를 쳐다보자, 그는 조금은 따뜻하면서도 엄격함이 섞인 목소리로 지시했다.

"이제부터 천천히 먹는 거예요. 오래 씹고 음미해요. 식감을 이야기하면서 어떤 요리인지 말해봐요."

나는 왜 그래야 하냐고 물었다. 그는 식사가 단순히 배만 채우는 게 아니라 맛을 느끼고 풍미를 즐기는 것이라고 했다. 나는 그의 말이 이해되지 않았다. 여태껏 한 끼 때우는 것에 거창한 의미가 필요하다고 생각지 않았다. 미스터 리가 내 앞접시에 채소볶음을 덜어주었다. 나는 천천히 집어 입에 넣고 씹었다. 매콤하고 아삭한 콩줄기가 느껴졌다. 다음 덜어준 음식은 파인애플 소스를 뿌린 돼지고기 튀김이었다.

"이 맛있는 음식을 제대로 감상하지 못하는 것도 불행이죠. 음식은 아주 많아요. 천천히 음미하세요."

나는 눈치를 살피며 최대한 오래 씹고 천천히 삼켰다. 입속에서 새로운 맛들이 느껴졌다. 허겁지겁 허기를 채웠다면 느낄 수 없을 다양한 재료의 향을 감지했다.

미스터 리는 내가 페낭에 머무는 동안 미식 탐방을 시켜주겠다고 했다. 페낭은 다국적 사람들이 모여 살고 그만큼 다양한 식문화를 경험할 수 있는 도시였다. 일주일간 그를 따라다니며 새로운 음식을 맛봤다. 독일 식당에서는 감자 요리를, 불가리아 식당에서는 크라운 립과 양 정강이 요리를, 일본인이 운영하는 프렌치 레스토랑에서는 코스 요리를 먹었다. 길거리에서는 락사와 바나나 튀김을 먹고 튀르키예인이 그 자리에서 만들어주는 케밥을 맛봤다. 그 밖에도 나는 수많은 음식을 먹고 미각이 어떤 즐거움을 줄 수 있는지 그에게 배웠다.

페낭에서의 마지막 날, 또다시 비가 내렸다. 매캐한 연기는 더욱 심해졌다. 오늘이 중원절의 마지막 날이라 했다. 나도, 외출 나온 영혼들도, 자신의 자리로 돌아가야 하는 날이었다. 나는 미스터 리에게 잘 먹고 간다고 인사했다. 그는 빈말이라도 다시 놀러 오라고 말하지 않았다. 나는 조금 서운했다.

페낭을 떠올리면 입에 군침부터 돈다. 그 무렵 나는 왜 그리 먹고 또 먹어도 배가 차지 않았던 걸까? 집에 도착한 그날부터 다이어트를 시작했다. 아무리 허기져도 식사를 할 때면 음식을 천천히 씹고 맛을 느꼈다. 그렇게 나는 나 자신을 조금씩 소중히 여겨나갔다.

끝없는 벌판

살아 있는 짐승들을 구덩이에 파묻는 순간을 본 적 있다. 먼 기억은 돼지들이었고 그보다 가까운 기억은 새끼를 두 번 낸 어미 소였다. 나는 멀리서 그 폭력적인 광경을 소리 없이 구경했다. 가을걷이 끝난 들녘은 노인의 이마처럼 생기 잃은 색으로 텁텁했고, 뭉개진 고랑이 주름살처럼 늘어져 있었다. 그 땅에 아침부터 굴삭기가 툴툴거리며 땅을 파대기 시작했다. 구덩이가 어찌나 깊은지, 퍼낸 흙이 높은 언덕처럼 쌓였다. 살처분 작업에 차출되던 작은 당숙의 입에서 구제역이니 브루셀라병이니 하는 불운한 병명이 새어 나왔다.

    나는 자전거를 타고 산비탈을 올라 그 땅이 잘 보이는 언덕에 자전거를 세웠다. 곧 트럭들이 줄지어 도착했다. 흰 방호복을 입은 이들이 상황을 통제하며 소리를 질러댔다. 말소리는 제대로 들리지 않았지만 그들의 손짓으로 상황을 유추할 수 있었다. 트럭은 적재함을 구덩이 쪽으로 향하게 한 채 후진했다. 사람들이 구덩이를 중심으로 둘러섰다. 적재함 문이 열리고 덩치 큰 남자 둘이 트럭으로 뛰어 올라갔다. 그리고 희끄무레한 덩어리들이 구덩이로 쏟아졌다. 추락하는 짐승들이 비명을 질러댔다. 그것들은 모두 살아 있었다. 첫 번째 트럭이 빠져나가고 기다리던 두 번째 트럭이 같은 모습으로 꽁지를 구덩이로 들이대며 후진했다. 다시 한 번 같은 작업이 반복됐다. 구덩이를 둘러섰던 이들이 쥐고 있던 삽자루를 쳐들었다. 동족을 짓밟고 땅을 기어오르던 짐승들이 날카로운 삽날로 정수리를 얻어맞고 구덩이로 떨어졌다. 세 번째 트럭이 적재함 문을 개방했다. 긴 비명들이 땅속으로 추락했다. 생석회 가루가 곧 죽어갈 생명 위에 쏟아졌다. 기다리고 있던 굴삭기가 움직였다. 거대한 쇠바가지로 붉은 흙을 퍼서 구덩이를 메웠다. 이따금 쇠바가지는 주먹 쥔 손처럼 구덩이를 사정없이 다졌다. 순간 새빨간 불씨에 물을 한 바가지 부은 것처럼, 쥐어짜는 듯한 비명이 일제히 땅속에서 일어났다가 사라졌다.

학살은 붉은 생채기처럼 부르튼 흔적을 남기고 종결됐다. 산자의 긴 그림자가 도망치듯 일제히 빠져나갔다. 나는 자전거를 타고 방금 만들어진 거대한 무덤으로 천천히 향했다. 단단하게 다져진 흙더미 위로 중장비의 바퀴 자국이 선명하게 찍혀 있었다. 밭에서는 석유 냄새가 강하게 났다. 그 냄새 사이로 숨어 있었던 듯 돼지 분뇨 냄새가 산발적으로 새어 나왔다. 가을바람이 잠자리 떼처럼 하늘 위로 날아올랐다. 나는 생목숨이 묻힌 둔덕으로 걸어 올라가 바닥에 손을 대보았다. 차가울 거라 생각했는데 손바닥 밑에서 미열이 느껴졌다. 나도 모르게 흙바닥에 한쪽 귀를 댔다. 땅속에서는 죽어가는 비명 대신 바람 소리가 들리는 것 같았다.

베트남 작가 응우옌 응옥 뚜의 『끝없는 벌판』을 읽다가 그 강렬한 기억을 소환해버렸다. 애써 잊고 살던 끔찍한 사건이었다. 캄캄한 눈앞에 그날의 광경이 선명히 그려졌다. 나는 책을 읽다 멈추기를 반복했다. 처참한 농촌의 현실이 내 이야기 같아 울렁이는 가슴을 연신 쓸어내려야 했기 때문이다.

소설은 베트남의 헐벗고 굶주린 농촌을 배경으로 한 가정의 붕괴를 이야기한다. 가난 때문에 집을 나간 어머니, 그런 아내의 배신으로 여자에게 모욕 주는 것을 일삼는 아버지, 무관심과 폭력에 길들여진 남매. 병든 가족은 거룻배를 타고 가뭄으로 말라붙어가는 강을 떠돌며 오리를 치는 것으로 겨우 생계를 유지한다. 삶은 불행한 이들에게 유독 지독한 구석이 있다. 결국 벼랑으로 내몰고서야 성에 차듯 말이다.

베트남에 조류독감이 유행하고 가족의 유일한 자산인 오리를 모두 살처분하라는 정부의 명령이 떨어진다. 그 와중에 몸 파는 여자가 왈패들을 피해 그들의 나룻배로 뛰어 들어온다. 그녀는 남매의 아버지를 사모하게 되고 그의 환심을 사기 위해 살처분 담당 공무원에게 자신의 몸을 내주어 오리 몇 마리를 지킨다. 하지만 남매의 아버지는 그녀의 마음을 조롱하고 짓밟는다. 그로 인해 여자는 떠나고, 그녀를 남몰래 짝사랑하던 남동생도 누이만을 남겨두고 여자를 따라 떠난다. 거룻배에는 힘 빠진 늙은 아비와 이제는 미색을 감출 수 없는 딸만이 남게 돼버린다. 그리고 세상은 다시 한번 남은 자들을 산산이 찢어발긴다. 소녀는 아버지 앞에서 왈패들에게 유린당한다. 들판에 상처투성이 아비와 딸만이 남아 절망을 운명으로 받아들이며 세상에 순응하는 것으로 소설은 마무리된다.

나는 처참하게 아파서 가슴을 쓸어내렸다. 살기 위해 절망 속에서 희망을 억지로 찾아내는 것. 그건 내 삶의 태도였다.

친구들이 베트남 여행 이야기를 꺼냈을 때 나는 『끝없는 벌판』을 떠올렸고 내키지 않았다. 친구들은 나를 설득했다. 마침 친구의 부모님이 동행자로 나섰고 패키지 관광이니 신경 쓸 게 하나도 없다며, 망설이는 내 마음을 돌려세웠다.

여행은 근교에 하루 소풍 나온 것처럼 가볍게 흘러갔다. 아무 생각 없이 일행 사이에서 가이드의 설명을 듣고 우스갯소리에 적당히 깔깔거렸다. 짜여진 스케줄과 인솔자가 있는 여행도 나쁘지 않다는 생각이 들었다. 빡빡한 스케줄을 따라 종일 걸어 다녀 몸은 피곤한데 정신은 이상스레 멀쩡했다. 호텔 침대에 누워 하루를 되새겼다. 하노이 시내를 열 시간 동안 투어했는데 특별히 떠오르는 장소는 없었다.

이튿날 버스 안에서 한국인 가이드가 하루 일정을 브리핑하며, 쇼핑센터에 들르면 지갑을 크게 열어달라고 진심 섞인 우스갯소리를 했다. 그리고 일행 중 눈여겨본 이가 있었는지 국제결혼 이야기를 꺼냈다. 관심 있으면 일정이 끝나고 밤에 베트남 여성과 선을 보게 해주겠다는 것이었다. 나는 국제결혼에 대해 편견이 없었다. 실제로 내 주변에 글로벌 커플이 여럿 있었다.

조금씩 불쾌감이 들기 시작한 건 점심식사 때부터였다. 버스 안에는 중년의 한국인 남성 가이드와 나이 어린 베트남 여성 가이드가 인솔자로 동행했는데, 일행 없이 혼자이던 사십 대 남성이 계속 베트남인 가이드를 불러대며 시답잖은 이야기를 하고 심부름을 시켜댔다. 그녀는 손님의 비위를 적당히 맞춰주었는데, 연신 자신만 호출해대자 결국 못 들은 척 무시하고 자리를 피하기 시작했다. 그러자 남성이 본격적으로 꼬장을 피워댔다. 저녁식사를 하며 술을 마셔대더니 한국인 가이드를 불러 오늘 밤 선을 보고 싶다 했다. 그가 원하는 상대는 우리를 인솔하는 베트남인 가이드였다. 이야기를 들은 한국인 가이드는 난처해하며 그녀는 이미 약혼자가 있고 현지에서는 꽤 유복한 가정이라 국제결혼과는 거리가 먼 인텔리 아가씨라 했다. 거절당한 남자는 연신 술잔을 비워댔다. 가이드가 그를 달래며 다른 예쁜 아가씨를 소개하겠다고 했지만 그는 대답 없이 술만 마셨다. 나는 옆 테이블에서 그 광경을 지켜보다 실소를 지었다. 남자의 행동이 무척이나 한심스러웠다. 그러다 본 적 없는 한 남자가 떠올랐다.

    나는 장애인 학교를 졸업하고 잠시 취업했다가 결국 얼마 버티지 못하고 고향집에 돌아갔다. 마침 가을이었고 막바지 가을걷이로 내가 도울 일이 널려 있어 그나마 죄책감을 덜 수 있었다. 나는 풀 죽은 채 농사일을 도왔다. 차례차례 들판이 비어갔다. 마지막으로 배추와 무를 수확해 김장을 준비했다. 나는 배추를 뽑아 외바퀴 수레에 가득 싣고 집으로 향하고 있었다. 대문 앞에 막 당도했을 때 엄마의 포효가 대문 밖까지 뛰쳐나왔다. 순간 나를 비롯한 온 마을이 정지한 것 같았다. 나는 폭발에 휩싸이지 않으려 수레를 마당 구석에 조용히 세워두고 헛간에 숨었다. 집 안에서 엄마가 잡아먹을 것처럼 소리를 지르며 윗동네 할머니를 몰고 나왔다. 엄마의 퍼런 서슬에 할머니가 뒷걸음질 치며 두 손으로 싹싹 빌었다.
    "아이고, 내가 주책이여. 그 댁에서 한번 얘기라도 넣어보라 해서. 아이고, 미안혀. 내 입이 방정이여."
    엄마는 이를 악물고 당장 가라고, 썩 꺼지지 않으면 가만 안 두겠다고 위협하며 할머니의 가슴팍을 손으로 밀어댔다. 결국 할머니는 용서받지 못하고 꽁무니 빠지게 달아났다. 엄마는 씩씩대며 주머니를 뒤져 담배를 꺼내 물었다. 그날 윗동네 할머니는 매파로 우리 집에 방문한 터였다. 인척 중에 마흔 넘은 노총각이 있는데 그와 나를 짝지으면 어떻겠냐고 했다는 것이다. 그 집에서 외국인 며느리를 데려다 사는 것보다 눈먼 병신이라도 국산을 원한다고 했다는 것이다. 엄마는 처음에는 분해서 자기 가슴을 주먹으로 치더니 이틀 후부터는 나를 놀려대는 농담거리로 써먹었다. 상황이 비참했지만 마음에 상처로 남지는 않았다. 나 역시 그 일을 자학 개그 소재로 사용했기 때문이다.

그날 밤 나는 친구들에게 스무 살 때 마흔 넘은 농촌 총각한테 팔려 갈 뻔한 경험을 이야기하며 깔깔댔다. 진지한 내 친구들은 조금도 웃지 않았다. 나는 침대에 누워 잠들기 전까지 술에 취한 그가 선을 보러 나갔을지 궁금해하다가 잠들었다.

여행의 마지막 날이었다. 일행을 태울 버스가 호텔 앞에 정차해 있었다. 우리는 일찌감치 짐을 챙겨 나와 버스에 올라탔다. 가이드들은 버스 문 앞에 서서 짐을 실어주고 일행 명단을 체크했다. 숙취로 정신이 나간 노총각이 마지막으로 짐 가방을 끌고 나왔다. 그는 곧장 베트남인 가이드에게 다가갔다. 그러고는 무어라 이야기했다. 버스 엔진 소리 때문에 제대로 들리지는 않았지만 마지막 발악임을 알았다. 그 순간 짐 정리를 돕던 베트남 남성이 두 사람 사이에 섰다. 한국인 가이드가 그들 사이에 끼어 중재했다. 버스 안 승객들은 어떤 스토리로 진행될지 기대하며 숨을 죽였다. 상황은 허무하게 종료됐다. 베트남 남성이 매섭게 노려보자 그는 곧바로 꼬리를 내렸다. 취기가 없으면 용기도 패기도 없는, 형편없는 사내였다. 그는 터덜터덜 버스 안으로 들어와 빈자리에 눕듯 앉아 금세 코를 크게 골아댔다. 버스 안 모두가 그를 동정했다.

버스는 고속도로를 타고 한동안 달리다가 휴게소에 멈췄다. 한국인 가이드는 공항 도착 전 마지막 휴게소이며 진짜 마지막 쇼핑센터라고 했다. 이곳에서 한 시간을 쉴 거라는 말을 덧붙였다.

30분쯤 건강식품과 라텍스 체험에 끌려다니다가 담배를 피우러 나가는 일행에 껴서 밖으로 나갔다. 문 하나 사이로 밖은 예열된 오븐 속 같았다. 강렬한 태양이 바늘처럼 살갗을 찔러댔다. 애연가들이 차양 밑 그늘에 옹기종기 모여 연기를 뿜어댔다. 나는 담배 냄새를 피해 햇볕으로 걸어 나갔다. 어느새 다가왔는지 베트남인 가이드가 내 팔을 잡고 건물 쪽으로 끌어당겼다. 나는 그녀에게 실내 냉방 때문에 머리가 아프다고 이야기했다. 맑은 공기를 마시고 싶다고 말하자 내 말을 이해했는지 그녀가 나를 데리고 천천히 주변을 산책했다. 달궈진 공기에서 녹음이 느껴졌다. 그녀에게 휴게소 주변에 무엇이 있냐고 물었다. 그녀는 온통 옥수수밭이라고 일러주었다. 그녀는 나를 포장도로 끝까지 데려갔다. 짙은 풀 냄새가 힘겹게 밭고랑을 기어올라 왔다. 그녀는 내 눈앞을 손으로 휘저으며 옥수수밭을 수차례 강조했다. 나는 그녀가 알고 있는 최대한의 한국어로 풍광을 설명하고 있음을 알았다.

나는 손으로 이마에 차양을 만들고 먼 곳에 시선을 두었다. 햇살이 어둠을 밀어내고 초록 들판이 들어찬다. 몸집이 작은 여자가 대나무 모자를 쓰고 어린아이를 업은 채 낫질을 하고 있다. 내가 시선을 조금 튼다. 어린 남매가 흙더미 위에 엎드려 땅바닥에 귀를 대고 있다. 그 아래서는 가족의 전 재산이었던 오리 떼가 마지막 생의 비명을 끌어내며 죽어간다.

윤간당한 몸으로 만일 생명을 잉태했다면 아이를 어찌 키우며 어미로 살아갈지 이야기하는 여인을, 눈을 감고 떠올렸다. 날카로운 햇볕이 정수리를 쪼갤 듯 쏟아져 내렸다. 서걱서걱 옥수수 잎이 바람에 흔들리며 웅성댔다. 땀줄기가 목덜미 고랑을 타고 흘러내렸다. 바람에 부비적대는 옥수수 잎 소리가 오리 떼의 날갯짓 소리처럼 들려왔다. 『끝없는 벌판』을 읽고 인간은 왜 절망 속에서 희망을 찾아야 하는지 줄곧 고민했다. 사실 그건 고민거리도 아니었다. 그나마 희망 따위라도 있어야 질긴 생을 견뎌낼 수 있음을 알았다. 뜨거운 바람이 흙냄새를 싣고 잔잔히 몰려왔다. 두통이 천천히 가라앉았다. 농사꾼의 딸이었던 나는 바람에서 튼실한 생육의 냄새를 맡았다. 그건 내 옆을 지키고 서 있던 베트남인 가이드에게서도 맡아지는 젊음의 내음이었으며 베트남의 향기였다.

나는 끝없는 벌판이 뿜어내는 열기를 오래오래 들이마셨다.

나의 용사님

불안을 품고 이십 대를 건너왔다. 그 불안은 내 욕심과 책임감이 빚어낸 괴물이었다. 안마사라는 내 직업은 일용직이었다. 불안정한 노동 환경에서도 성실히 저금했다. 그 무렵 유행처럼 '1억 만들기 프로젝트'와 같은 자산관리 상품이 쏟아져 나왔다. 일찌감치 그 상품에 가입하고 부지런히 적금을 붓는 한편, 남동생의 대학교 등록금을 모으느라 지독하다는 소리를 들을 정도로 일 욕심을 내며 살았다. 나는 소문난 수전노였다. 유일한 취미는 책을 듣는 것이었다.

잠을 자거나 일하는 시간 이외에는 항상 이어폰을 귀에 꽂고 지냈다. 독서는 내 일상이었고 나를 견디게 하는 유일한 즐거움이었다. 나는 일본 문학에 심취해 있었다. 소설 속 아기자기한 시모키

타자와의 골목을 상상했다. 홀로 고고히 서서 빛을 밝히는 도쿄타워가 궁금해졌다. 일본이란 나라는 내 환상 속 이상향이 되었다. 7년짜리 적금이 만기인 날, 반드시 일본으로 떠나리라. 그 계획은 고된 노동을 견디게 하는 원동력이 되었다. 인내의 시간이 흐르는 동안 내 앞에 수백 권의 책이 쌓였다.

드디어 적금 만기일이 다가왔다. 계획대로 일본 여행을 준비했다. 첫 자유여행이었기에 경험자의 조언이 필요했다. 절친한 동료가 일본통으로 불리는 지인을 소개해주었다. 그는 시각장애인 직업학교 교사였다. 오랫동안 일본에서 유학생활을 했고, 그때 맺은 네트워크로 한국과 일본 시각장애인들의 교류 활동을 도왔다. 나는 그를 만나 내가 원하는 여행에 대해 설명했다. 그는 충분히 도와줄 수 있을 것 같다며 일본저시력협회 회원들과 나를 연결해주었다. 이런 배려가 처음이라 신기했고 좀 얼떨떨했다. 그는 일본저시력협회 회원들이 이런 교류를 매우 반기며 식사 대접도 한번 할 것 같으니, 답례 삼아 한국 간식거리를 좀 사 가지고 가라고 조언했다. 그에게 몇 번이고 고맙다는 인사를 건넸다. 사례를 어찌해야 좋겠냐고 내가 묻자, 그는 즐겁게 여행을 다녀와서 밥이나 한 끼 사며 여행 이야기를 해주면 그것으로 충분하다고 말했다. 그렇게 그의 도움으로 일본으로 향했다.

도쿄 하네다 공항에는 아라이 부부가 마중을 나와 있었다. 부부는 저시력 시각장애인으로, 얼마 전 공무원을 퇴직했다. 현재는 봉사 활동에 매진하며 노후를 즐기고 있다고 자신들을 소개했다. 아라이 아저씨는 한국말이 유창했다. 아주머니는 환영의 선물이라며 직접 만든 목걸이를 내게 건넸다. 나는 눈치 없게도 그 선물 상자를 받아 꾸벅 인사만 하고 주머니 속에 넣고 잊어버렸다. 호텔에 짐을 맡겨두기 위해 지하철을 타고 이동했다. 전동차 안에서 아라이 아주머니가 내게 액세서리를 안 좋아하냐고 물었다. 나는 그녀의 선물을 까맣게 잊어버린 채 그렇다고 솔직히 대답해버렸다. 실수임을 깨달은 것은 호텔에 도착해 옷을 갈아입다 주머니 속 선물 상자를 만졌을 때였다. 나는 황급히 목걸이를 목에 걸고 나를 기다리고 있던 아라이 부부에게 갔다. 아주머니는 금세 내 목에서 자신의 선물을 발견하고 기뻐했다. 나는 몰래 안도의 한숨을 쉬었다.

본격적으로 여행을 시작했다. 시모키타자와에서 점심을 먹고 오모테산도와 하라주쿠를 관광했다. 아라이 아주머니가 주변 풍광을 설명하면 아저씨가 한국어로 통역했다. 그다음 일정은 도쿄 타워였다. 그런데 아라이 부부가 도쿄 타워로 이동하기 전에 점자 도서관에 들러보자고 했다. 내게 의미가 있을 거라면서 말이다. 사실 고백하자면 그때 나는 점자를 읽지 못했다. 장애인 학교에 다닐 때 점자 교육을 받았으나, 저시력이었기 때문에 손이 아닌 눈으로 점자를 읽었다. 또 모든 교과를 확대 문자로 공부했기 때문에 점자를 굳이 익힐 필요가 없었다. 그래서 점자 도서관 같은 곳에 관심이 전혀 없었지만 거절할 분위기가 아니었기에 잠자코 따라갔다. 점자 도서관 1층은 점자 시계를 비롯해 각종 필기도구와 제본된 책을 판매했다. 아라이 아저씨 말로는 한국 시각장애인들이 이곳에 들러 기념품으로 필기도구를 잔뜩 사 간다고 했다. 나를 데려온 이들이 멋쩍을까 봐 몇몇 용구를 만져보고 2층에 올라가 점자 책이 만들어지는 과정을 견학했다. 지루한 시간이었지만 예의 없는 한국인이 되고 싶진 않았다.

결국 해가 저물고서야 도쿄 타워에 도착했다. 아라이 아저씨는 굳이 돈을 내고 전망대에 올라가지 말고 1층에 있는 축소 모형이나 실컷 만져보고 주변을 둘러보자 했다. 나도 그게 좋겠다고 동의했다. 매점에서 도쿄 바나나빵을 사서 간단히 요기를 하고 캄캄한 어둠으로 둘러싸인 철 구조물 주변을 걸었다. 건조한 바람이 수풀을 흔들었다. 요사스러운 풀벌레 소리가 수만 개의 방울이 흔들리는 것처럼 짤랑댔다. 뜬금없이 아라이 아저씨가 내게 몇 살쯤 결혼을 하고 싶은지 물었다. 나는 반쯤 농담으로 마흔다섯 살이라고 말했다. 아저씨와 아주머니는 내 말을 진심으로 받아들였는지 엄청나게 잔소리하기 시작했다. 일본어와 한국어가 혼재되어 내 고막을 사정없이 때렸다. 하루 중 가장 피곤한 시간이었다.

다음 날 아라이 아저씨는 아주머니 대신 다른 안내자를 데려왔다. 그는 나보다 한 살 많은 남자로, 재일교포 3세라고 했다. 일본 이름과 한국 이름을 각각 알려주었는데 내 맘대로 한국 성에 일본식 호칭을 붙여 '도상'이라 불렀다. 도상은 항공사에서 지상직 사무원으로 근무한다 했다. 아라이 아저씨와 친분이 있는 것 같았다. 아라이 아저씨가 오늘은 도상을 잡고 다니라고 내게 말했다. 그의 팔을 잡고 두 걸음이나 뗐을까? 도상의 몸이 한쪽으로 쏠렸다. 내 몸도 그가 흔들리는 방향으로 따라갔다. 도상은 한쪽 다리에 장애가 있었다. 그가 내 눈치를 살피듯 괜찮겠냐고 물었다. 나는 얼른 고개를 끄덕이며 상관없다고 말했다. 손에 힘을 빼고 그의 팔을 가볍게 잡았다. 허리에는 힘을 주고 걸음을 반듯이 걸었다. 그가 들고 있던 가방 때문에 불편한지 자주 자세를 고쳤다. 나는 얼른 그의 손에서 가방을 뺏어 들었다.

머릿속으로 일정을 수정했다. 걷는 시간을 최대한 줄이고 욕심껏 넣었던 행선지를 계획에서 삭제했다. 때때로 힘이 드니 좀 쉬다 가자고 부탁했다. 그게 내가 할 수 있는 배려라 생각했다. 도상은 눈치가 9단이었다. 그는 억지로 그럴 필요 없다고 말했다. 할 말도 없고 어색한데 아라이 아저씨는 자꾸만 둘만 남겨두고 사라졌다. 갑자기 아라이 아저씨의 의도를 번뜩 깨달았다. 그러자 내 짓궂은 본성이 삐죽 고개를 들었다.

소설가 무라카미 하루키의 단골 커피숍으로 알려진 카페 다

이보에 들렀다. 마스터는 칠십 대 노인이었다. 의자며 테이블은 세월에 닳고 닳아 반들반들했다. 옆자리 선객들은 시끄럽게 떠들며 담배를 피웠다. 좁은 실내에 담배 연기가 자욱해졌다. 나도 질 수 없었다. 가방에서 담배를 꺼내 입에 물었다. 도상에게 가서 재떨이를 얻어 오라고 말했다. 내가 담배를 물자 실내의 소란이 좀 줄어든 듯싶었다. 그러거나 말거나 참았던 흡연 욕구를 채웠다. 연거푸 담배 두 대를 피우고 진한 커피를 마셨다. 도상은 얌전한 고양이처럼 내 앞에 조용히 앉아 있었다. 원래 과묵한 건지 숫기가 없는 건지, 알 수 없는 사내였다. 아라이 아저씨는 또 어디론가 사라진 채였다.

도상이 다음 목적지로 이동하겠냐고 물었다. 나는 피곤한데 여기서 한 시간쯤 쉬다가 저녁이나 먹고 숙소로 들어가겠다고 말했다. 그러자 그가 아사쿠사와 에비스 맥주 박물관은 한 번쯤 가 볼 만한 곳이라며 설득했다. 혹시 자기 다리가 불편할까 봐 배려하는 것이라면 그럴 필요 없다고 했다. 나는 성실하고 착한 사람을 보면 골려주고 싶은 마음을 통제할 수 없게 된다. 도상에게 부끄러운 표정으로 개인적 질문이 있다고 했다. 그가 갑자기 긴장했다. 여행을 오기 전 나는 가네시로 가즈키의 소설에 빠져 있었다. 그 역시 재일교포였다. 나는 도상에게 조총련계 학교를 다녔는지, 직장에서 차별은 없는지 물었다. 그는 내 질문의 방향이 의외였는지 한동안 침묵하다 성실하게 답변했다. 오사카 태생인 그는 일본인 유치원으로 시작해 일본인 학교를 다녔고 교포라서 차별받은 기억은 없다고 말했다. 그런 따돌림이나 차별은 자기 아버지 세대에나 있던 일이라고 했다. 도상은 자기에게 그런 것만 궁금하냐고 물었다. 나는 그렇다고 했다. 그가 처음으로 소리 내 웃었다.

아라이 아저씨는 우리가 커피숍에 있는 동안 에비스 맥주 박물관의 입장표를 끊어 왔다. 예약 시간에 맞춰 박물관에 입장했다. 여성 안내 직원이 일행을 인솔하며 설명을 시작했다. 그녀의 말이 어찌나 빠른지 통역하던 도상이 고장 난 태엽 인형처럼 같은 말을 반복했다. 내 옆에 서 있던 아라이 아저씨는 테이블에 전시해둔 홉을 슬쩍 꺼내 내 코에 댔다. 속사포 랩을 내갈기던 안내 직원이 우리를 발견하고는 혼비백산해 뛰어와 이러면 안 된다고 주의를 주었다. 아저씨는 매우 미안하다고 한 뒤 홉을 제자리에 내려두며 한국말로 "이미 냄새 맡아봤거든." 하고 놀리듯 뇌까렸다.

박물관 안을 한 바퀴 순례하고 테이블에 모여 앉아 시음하는 시간을 보냈다. 빈속에 맥주를 석 잔 들이붓자 취기가 올랐다. 빨리 숙소에 들어가 맥주 한 캔을 더 마시고 잠들고 싶었다. 그런데 아라이 아저씨는 오늘 저녁 일본저시력협회 회원들이 만찬을 준비했다고, 참석해 자리를 빛내달라고 했다. 그가 앞장서고 나와 도상이 서로를 의지해 비틀비틀 걸어갔다.

도착한 곳은 일본저시력협회 사무실이었다. 그곳에 스무 명 정도 되는 회원들이 나를 기다리고 있었다. 입장과 동시에 울려 퍼지는 환영 박수 소리에 술기운이 완전히 날아갔다. 얼굴이 화끈댔다. 나는 너무도 부끄럽고 민망해져서 도망치고 싶었다. 생각했던 것은 네다섯 명 모여 간단히 술이나 한잔 마시는 것이었다. 이토록 대규모 행사가 기다리고 있을 거라고 상상치도 못했다. 가시방석에 앉은 듯 안절부절못하고 있는데 한 명씩 자기소개를 시작했다. 도상이 내 옆에 앉아 통역을 했다. 한 사람의 소개가 끝나면 모두가 박수를 쳤다. 나도 온 힘을 다해 손바닥을 부딪쳐 박수 소리를 냈다.

마지막으로 내 차례가 됐다. 아라이 아저씨는 왜 일본을 방문했으며 며칠간 둘러본 일본은 어떠했는지 이야기해달라고 요청했다. 나는 눈동자를 대굴대굴 굴리며 착한 표정을 짓고 정제된 언어로 정치인 같이 뻔한 소감을 꾸며냈다. 나를 보기 위해 멀리서 찾아온 이들이었다. 성의 없는 태도는 예의가 아니었다. 식은땀을 뻘뻘 흘리며 최대한 시간을 끌었다. 감사 인사를 꾸벅하고 자리에 앉았다. 무슨 얘기를 했는지는 하나도 기억나지 않았다. 첫 번째 고비는 그렇게 끝났다.

그다음 순서는 준비된 음식에 관한 것이었다. 누가 어떤 음식을 준비해 왔는지 사회자가 소개하면 박수를 쳐야 했다. 나는 젓가락을 집어 들었다가 박수를 치느라 내려놓기를 반복하며 맥주만 겨우 마셨다. 그 차례가 끝나자 갑자기 장기자랑 시간이 되었다. 누군가 엔카를 간드러지게 불렀고 어떤 이는 들어본 적 있는 대중가요를 불러 흥을 돋웠다. 나는 불안해졌다. 긴장되자 화장실에 가고 싶어졌다. 역시 슬픈 예감은 틀리지 않았다. 내게 순서가 넘어왔다. 나는 소문난 음치다. 겸양이 아니라 진실이다. 타는 마음을 맥주로 달랬더니 벌써 두 캔째였다. 상기됐던 얼굴이 이제는 새하얗게 질렸다. 이 순간 나를 구해준다면 평생 주인님으로 모실 수도 있을 것 같았다. 어떻게 좀 해주라, 하며 도상을 툭툭 쳤다. 그런데 이 자식도 나를 다그치는 박수 부대로 합세해버렸다. 머릿속에 생각나는 노래는 동요 아니면 장애인 학교 교가뿐이었다. 이렇게 나라 망신을 시키는구나, 다리를 덜덜 떨며 일어서 교가를 막 부르려는데 아라이 아저씨가 나섰다. 아저씨는 내 옆에 서더니 한국 노래를 부르기 시작했다.

"사랑해 당신을. 정말로 사랑해. 당신이 내 곁을 떠나간 뒤에."

멀뚱히 서 있을 수 없어 두 눈을 딱 감고 노래를 따라 불렀다. 그날 아라이 아저씨는 내게 용사님이었다.

그렇게 고비를 넘기고 힘이 빠져 주저앉아 있는데 도상이 한국에 놀러 가면 연락해도 되냐고 내게 물었다. 나는 시원한 맥주나 더 가져오라고 쏘아붙였다. 그러고는 아라이 아저씨의 목과 어깨를 열심히 주물러드렸다.

이제는 일본 여행을 생각하면 빌어먹을 환상 대신 그날의 만찬장이 떠오른다. 그 식은땀 나던 순간이 말이다.

두만강 앞에서

아무리 강한 고통이라 해도 일상이 되어버리면 무뎌지기 마련이고 어느 순간 통증을 인지하지 못한 채 현실을 살아가게 된다. 내겐 장애가 그러했다. 시각의 부재를 잊고 살다가 어느 날 갑자기 현실을 자각하고, 영원히 넘어설 수 없는 벽이 있음을 뼈저리게 실감하고 만다. 비단 내가 망각하고 사는 것이 장애만은 아니리라.

그녀를 만나기 전까지 나는 내가 분단국가에 살고 있다는 사실을 까마득하게 잊고 살았다. 초등학생 시절, 매해 통일과 분단의 아픔을 호소하는 웅변을 그토록 연습했음에도 말이다. 사실 텔레비전 속 이산가족 상봉이나 남북 정상회담 같은 일들은 모두 내 관심 밖이었고 내 삶에 와닿지 않는 먼 이야기였다.

그녀는 아주 작은 사람이었다. 뼈는 가늘지만 온몸이 근육으로 꽉 차 있어 손이 들어가질 않았다. 마치 밧줄로 칭칭 감은 것처럼 온몸이 단단히 굳어 있어 마사지를 하는 데 애먹었다. 노동으로 붙은 근육은 유연성이 떨어지고 제멋대로 유착되어 있어 일상에서 통증을 느낄 수밖에 없는 상태였다. 내가 이 몸으로 어찌 일을 하냐고 물으니 그녀는 좀 삐거덕대지만 움직이는 데는 아직 지장 없다고 씩씩하게 대답했다.

마사지를 하다 보면 그 사람의 삶이 엿보인다. 내가 손끝으로 본 그녀의 세월은 험난하고 참혹했다. 요추가 어긋나 있었고 팔이며 다리에 상흔이 뼈마디마다 있었다. 분명 골절되었다가 다시 붙은 자국이었다. 내가 그런 사실을 짚어내자 그녀가 신기해하며 자신의 지난 세월을 풀어놓았다.

그녀의 고향은 함경북도였다. 남한에서 월북한 아버지 슬하에서 무남독녀 외동딸로 귀히 자랐다고 했다. 북에서는 아이들을 가르치는 일을 했으며, 혼인해 가정도 이루었다. 그녀의 아버지는 고향을 늘 그리워하다 결국 그곳에서 돌아가셨다. 한스럽게도 이듬해 이산가족 상봉이 시작됐다. 그녀는 아버지를 대신해 남한에 사는 피붙이들을 찾았다. 아버지에게서 받은 정보가 확실했기에 금세 작은아버지와 연결되었다. 태어나 한 번도 본 적 없는 이들이었지만 남쪽의 가족들은 그녀를 무척 반겼다. 상봉 이후 간간이 연락을 주고받으며 정을 쌓았다. 새로운 가족을 만난 기쁨을 시샘이라도 하듯, 그해 남편이 병에 걸려 죽었다. 아들을 잃고 충격받은 시어머니는 그 화를 며느리에게 풀기 시작했다. 모진 시집살이는 고됐고 살림은 계속 팍팍해져갔다. 그녀는 결단을 내려야 했다. 사람답게 살기 위해 목숨을 걸기로 했다. 뜻이 맞는 몇몇 사람과 탈주 계획을 세웠다. 작은아버지에게 상황을 전하니 돈을 지원해주며 남쪽으로 내려오기만 하면 본인이 먹고살 걱정은 없게 하겠다고 장담했다. 그녀는 작은아버지가 자신의 은인이라고 했다. 그의 도움과 용기가 아니었다면 지옥에서 살다 그 자리에서 말라 죽었을 것이라 했다.

생사를 건 탈주가 시작됐다. 산을 넘고 강을 건넜다. 밤낮 가리지 않고 걷고 또 걸었다. 추격자들에게 발각되어 위험했던 순간도 있었다. 겨우 몸을 빼 위기를 모면했다. 그사이 동고동락했던 일행은 뿔뿔이 흩어져버렸다. 공포와 외로움을 견디며 국경을 넘었다. 마음을 놓기 무섭게 중국 공안이 따라붙었다. 그들을 피해 도망치다 절벽에서 굴러떨어졌다. 천신만고 끝에 팔다리가 부러진 채 나무뿌리에 간신히 매달린 신세가 됐다. 이대로 죽는구나 체념하고 있을 때 인근 부락 주민들에게 구조됐다. 이후 그녀는 늙은 중국 남자에게 시집을 가서 딸을 낳았다. 아이가 열 살 무렵, 나이 차가 많이 나던 남편이 노환으로 쓰러졌다. 가장이 쓰러지자 생계가 막막해졌다.

그녀는 십여 년 만에 다시 작은아버지를 찾았다. 당장 구명줄이 되어줄 사람은 피붙이뿐이었다. 그녀의 생존을 확인하자 작은 아버지는 무척 반가워했다. 하지만 그 반가움 뒤에는 난감함이 자리했다. 그는 운영하던 식당을 자손들에게 물려주고 은퇴한 뒤라, 예전과 달리 그녀를 부담스러워했다. 그러나 무작정 손을 놓고 지켜보기만 하지 않았다. 시간이 걸렸지만 그녀가 한국으로 올 수 있게 지원해주었다. 그 도움으로 그녀는 드디어 아버지의 고향 땅을 밟을 수 있었다. 북에서 탈출한 지 12년 만이었다. 딸은 남편의 반대로 데려올 수 없었다. 그녀는 사촌의 식당에서 일을 배웠고 현재는 24시 해장국집에서 상주하며 주방 일을 맡고 있었다.

"딸애가 누굴 닮았는지 영리해서 공부를 아주 잘합네다. 북경으로 대학을 갈 거라고 하는데, 내 몸 부서지더라도 뒷바라지해야지 않것어요."

그녀는 하루에 서너 시간 쪽잠을 자며 번 돈을 아이의 학비로 송금했다. 몸에 밴 파스 냄새와 해장국 누린내가 그녀의 고된 삶을 대변했다.

"사장이 고맙게도 오늘 내 귀빠진 날이라고 이런 호강을 다 시켜줍네다."

그녀는 진한 믹스커피를 타서 마시고 갔다. 그녀를 지탱하는 건 중국에 두고 온 딸과 카페인이었다. 나는 금방 그녀를 잊었고 내가 분단국가에 살고 있다는 사실 역시 망각했다.

최근 뉴스 기사로 북에서 띄워 보내는 오물 풍선 때문에 피해가 발생한다는 소식을 접했다. 그러나 나와는 상관없는 일이기에 무심히 넘겨버렸다. 그러다 우연한 기회로 중국 여행길에 오르게 되었다.

비행기 탑승을 마치고 이륙 준비를 하는데 갑자기 출발 지연 방송이 나왔다. 북에서 날아온 오물 풍선 때문이었다. 남과 북이 왜 이런 사이가 되었나, 내 일이 되어서야 관심이 가면서 불안정한 평화 속에 내가 속해 있음을 깨달았다. 40분 대기 끝에 비행기가 목적지로 출발했다. 옌지 공항에 도착해 버스로 갈아타고 투먼으로 향했다. 투먼 시는 북한과 국경을 마주한 지역으로, 경계에 두만강이 흘렀다. 가이드는 중국 국적의 교포였는데 할아버지 고향이 함경북도라 했다. 그가 최근 북한을 여행했다며 자기가 보고 온 북쪽 실정을 이야기했다.

"할아버지가 고향으로 돌아가지 않고 이곳에 정착한 게 참 다행입니다."

그의 짧은 소감이 북의 현실을 한마디로 정리했다. 투먼이 가까워지자 그가 주변 풍경을 설명했다. 북쪽 산은 모두 민둥산이었다. 땔감이 없어 나무를 벤 것이 아니라 북한 주민들의 탈북을 감시하기 위해 벌목한 것이라 했다. 저 언덕을 넘어가면 그 유명한 아오지 탄광이 있다는 말도 했다.

두만강에 도착해 버스에서 내리기 전 가이드가 주의 사항을 주지시켰다. 태극기를 흔들거나 사진을 마구잡이로 찍어서는 안 된다는 내용이었다. 우리 버스가 광장에 도착하자 공안이 다가와 가이드에게 싸늘한 경고를 내뱉고 갔다. 가이드는 우리 일행에게 주의 사항을 또다시 강조했다. 그의 긴장이 여행자들에게 전염되었다. 천천히 그를 따라 두만강변을 둘러봤다.

관광지로 꾸며놓았지만 인기는 그닥 없는지 거리가 휑했다. 난간에 붙어 서서 북쪽을 바라봤다. 강 너머는 사람 그림자 하나 없이 고요했다. 내가 상상하던 국경 분위기는 아니었다. 제복을 입은 군인들이 총을 어깨에 메고 발맞춰 순찰할 거라 상상했는데, 강 건너 인공기만 바람에 흔들릴 뿐이었다. 긴장했던 마음이 머쓱해졌다.

두만강은 내 고향 하천보다 폭이 좁고 수심이 얕았다. 물은 더럽고 물살은 잔잔했다. 허탈했다. 강 건너 누군가에게는 이 물길이 수백, 수천 리였을 것이다. 얼마 전 내게 안마를 받은 그녀가 떠올랐다.

가이드가 낮은 목소리로 말했다.

"예전에는 북에서 넘어온 여자들이 연변 시골 남자들이랑 혼인해 사는 일이 많았어요. 그땐 중국 정부가 은근히 눈을 감아줬었는데, 지금은 단속이 어찌나 심한지 그런 일은 모두 사라져버렸죠."

나는 그 여성들이 자기 의지로 중국 남성과 혼인해 살지는 않앉을 거라 생각했다. 내게는 반나절도 걸리지 않는 길을 누군가는 목숨을 걸고 십여 년에 걸쳐 겨우 도착했다는 사실에 마음이 저릿해졌다.

강 건너를 한참 지켜보다 오래전 외웠던 웅변 한 구절이 입에서 흘러나왔다.

"우리는 한민족 한겨레 한마음으로 염원하니 통일이여 오라!"

너무도 당연해서 잊고 있던 평화가 이 순간 소중하고 감사했다.

1,442개의 사연

서른 명의 일행이 백두산 서파에 도착한 시각은 정오를 10분 남겨 두었을 때였다.

　오전 일곱 시에 숙소에서 출발해 백두산 입구까지 한 시간을 달려왔다. 이후 버스와 승합차를 번갈아 타고 서파 입구에 도착했다. 점퍼 안에 옷을 두세 겹 겹쳐 입었어도 한기에 몸이 움츠러들었다. 구름이 발밑에 있고 태양은 가까워진 만큼 망막에 강렬한 자극을 주었다. 내 발 앞에는 1,442개의 계단이 천지를 향해 등을 돌리고 있었다. 승합차들이 연신 내국인, 외국인 상관없이 관광객을 우르르 쏟아놓고 내려갔다.

어머니의 칠순 기념으로 백두산 탐방을 신청했다는 아들이 끝이 보이지도 않는 계단 앞에서 자신은 도저히 안 될 것 같다며 포기했다. 그는 시각장애만 있는 게 아니라 보행 보조기를 사용할 정도로 걷는 것도 불편했다. 애써 웃으며 어머니라도 천지를 보고 오시라, 자신은 밑에서 기다리고 있겠다며 돌아서는 그의 목소리에서 나는 아쉬움과 익숙한 체념을 느꼈다. 그가 보행 보조기를 밀며 구석으로 비켜섰다. 그러고는 계단을 오르는 일행을 배웅했다. 그의 어머니는 아들을 가이드에게 부탁하고 연신 뒤를 돌아보며 무거운 걸음을 뗐다.

나도 활동지원사와 나무 계단을 오르기 시작했다. 내 앞에서는 중년 여성 둘이 발맞춰 계단을 빠르게 올랐다. 뒤따르던 나는 헉헉 숨을 몰아쉬는데 두 사람은 힘들지도 않은지 속도가 줄지 않았다. 두 사람의 대화를 가만히 듣다 보니 둘은 올케와 시누 관계였다. 눈이 보이는 쪽이 올케였고 시누가 시각장애인이었다. 이를 악물고 두 사람을 쫓아가려 했는데 점점 거리가 벌어졌다. 결혼 30주년을 맞아 함께 여행을 왔다는 부부가 나를 추월하며 힘내라고 격려했다. 그 팀은 아저씨가 시각장애인이었고 아주머니는 비장애인이었다. 나는 중간중간 서서 물을 마시고 숨을 돌렸다. 일행이 계속 나를 스쳐 지나갔다. 시각장애인 이모나 고모를 모시고 온 조카들이 자신이 보고 있는 주변 풍광을 설명하며 거친 숨을 씩씩 몰아쉬었다. 그녀들은 안내 가이드를 하랴, 가파른 계단을 오르랴, 주변 설명까지 해야 하니 산 중턱밖에 오르지 않았건만 금방이라도 쓰러질 것처럼 지친 듯했다.

나도 힘을 내서 다시 계단을 올라갔다. 계단 폭이 좁은 탓에 내려오는 이들과 어깨를 수십 번 부딪쳤다. 곳곳에 지쳐 널브러진 사람들을 피해 조심조심 계단을 올랐다. 나무 계단은 원래 그런 것인지 아니면 수많은 이들이 밟은 탓인지, 높이가 제각각이라서 잠깐이라도 정신을 집중하지 않으면 몸이 휘청거리고 엉뚱한 허공에 발을 딛기 십상이었다. 싸늘한 바람에 코끝은 시린데 등에선 땀이 흘렀다. 너 나 할 것 없이 외투를 벗어 허리에 묶거나 한쪽 팔에 걸었다.

정상까지 300개의 계단을 남겨두고 활동지원사와 한 번 더 쉬기로 했다. 숨을 고르고 땅기는 다리를 스트레칭했다. 지나가던 중국인 남성이 우리에게 조금만 더 힘을 내라고 응원했다. 정상의 풍광이 끝내준다는 말도 전했다. 어쩌다 보니 나와 활동지원사는 앞서거니 뒤서거니 서로를 끌고 당겨주며 계단을 올라갔다.

그렇게 우리는 천지 앞에 섰다. 군중의 탄성과 사진 찍는 소리가 여기저기서 들려왔다. 몰려 있는 사람들 틈을 겨우겨우 파고들었다. 활동지원사가 천지를 설명했다. 물빛이 하늘과 똑같은 색이라고, 너무도 푸르러서 하늘과 구분할 수 없다 했다. 나는 그녀의 목소리로 풍광을 보았다. 웅장한 산기슭과 깎인 듯한 절벽을. 자연과 세월이 만들어 낸 뾰족한 산봉우리들을.

나는 그녀가 이야기해준 광경을 눈앞에 그렸다. 그렇게 천지를 보고 백두산을 느꼈다. 내 옆에서 74세 형이 70세 눈먼 동생에게 서툴고 투박한 언어로 시야에 들어오는 모든 것을 가만가만 일러주었다. 형제는 일행 중 가장 고령이었다. 형은 남은 시간 동생의 눈이 돼주기로 했단다. 일흔 노인은 실명한 지 오래되지 않아 불안해했고 행동이 굼떴다. 그럼에도 불구하고 그도 정상에 올랐다. 계단 아래 아들을 두고 온 노모는 천지 구경을 제대로 하지도 못하고, 뒤돌아 급하게 계단을 내려갔다. 이 순간을 아들과 함께할 수 없어 아쉽고 애달픈 마음이 발소리에 섞여 있었다.

일행 모두가 가족들과 동행했다. 활동지원사와 온 사람은 나뿐이었다. 나는 좀 서글퍼졌다. 가족들과 함께 오지 못해서가 아니었다. 백두산 탐방에 서른 명이 넘는 시각장애인이 신청했다. 정원은 열두 명이었다. 선정된 몇 명의 시각장애인이 중도에 포기했단다. 그 이유야 알 만했다. 분명 동행자를 구하지 못한 까닭이리라. 나는 누구보다 그 초라한 기분을 이해했다. 내가 서글펐던 이유는 여행을 엄두조차 내지 못하고 있을 이들, 동행자를 구하지 못해 기대로 부풀었던 여행을 포기해야 했던 내 눈먼 동료들의 마음이 느껴져서였다.

햇볕이 따갑게 피부를 자극했다. 바람이 군중 사이를 유랑하다 내 손끝 사이로 빠져나갔다. 사람들 틈에서 이리 밀리고 저리 밀리고 휘청이며 난간까지 몰렸다. 일행 중 나를 추월해 올라갔던 부부가 자녀들을 위해 기도하는 소리가 도란도란 들렸다. 나는 난간 너머로 손을 내밀었다. 마치 천지를 손으로 만져보기라도 하듯 허공을 더듬었다. 그러면서 내가 본 백두산을 눈먼 동료들에게 전해 주어야겠다고 결심했다.

군중 사이를 빠져나와 하산을 시작했다. 그때였다. 불편한 다리 때문에 혼자 남아 있어야 했던 그가 가마를 타고 올라왔다. 그의 어머니가 명랑하고 밝은 목소리로 가마를 뒤따라 올라오며 아들에게 주변 풍경을 설명했다. 나는 빛나도록 환히 웃는 두 모자를 보았다. 다시 천지 방향으로 고개를 돌렸다. 새카만 내 어둠이 씻겨 나가며 상서로운 푸른 기운이 들어찼다. 가슴 가득 천지가 내 안에 깃들었다.

계단을 내려오는 길은 오를 적보다 정신을 바짝 차려야 했다. 발을 헛딛는 순간 부상을 입기 십상이었다. 활동지원사가 계단의 시작과 끝 지점을 일러주었다. 불규칙한 계단은 무척이나 위험했다. 천천히 걸었지만 뒤꿈치로 계단 끝을 아슬아슬하게 디뎌 미끄러질 뻔한 상황이 여러 차례 있었다. 중턱쯤 내려왔을 때 활동지원사가 말했다.

"공공시설을 설계하는 사람들에게 필수로 눈을 감고 계단 오르내리기를 시켜야 해요. 이 작은 턱이 누군가에게 얼마나 큰 장애물인지, 위험이 될 수 있다는 사실을 겪어보게 해야 해요."

나는 웃으며 하늘을 올려다보았다. 쏟아지는 햇살이 선글라스를 뚫고 내 눈으로 파고들었다. 빛은 내 안으로 깊이 투과해 들어왔다. 가슴이 후끈 달아올랐다. 장애를 이해하려는 사람들 덕분에 나는 용기를 얻고 세상을 향해 한 걸음씩 나아간다. 백두산 여행도 나에게는 그 한 걸음이었다.

　나는 마지막 계단을 밟고 내려왔다. 먼저 하산한 일행이 수고했다며 맞이해줬다. 나는 내가 올랐던 1,442개의 계단을 다시 돌아봤다. 계단 하나하나에 수많은 이들이 각자의 사연을 갖고 천지로 향했을 거였다. 가마를 탄 아들과 그의 어머니가 왁자지껄 떠들며 내려왔다. 어떤 이들이 어머니가 어찌 저리 밝고 명랑할 수 있냐고 말했다. 나는 속으로 '그래야만 살 수 있으니까요.' 하고 대답했다. 암울한 현실을 견뎌내는 방법은 온 힘을 다해 명랑함을 짜내며 버텨내는 것이리라. 나는 그 사실을 누구보다 더 잘 이해했다. 그건 내 삶의 방식이었다.

　일행 모두가 무사히 하산했다. 마지막으로 행사를 주최한 곰두리 체육관의 직원이 내려왔다. 이 여행에서 가장 감동적이고 고마웠던 건 곰두리 체육관 직원들의 태도였다. 그들은 일행의 앞과 뒤를 말없이 지켰다. 적당히 거리를 두고 여행자들이 충분히 자유로울 수 있게 시간을 주며 기다려주었다. 한번은 나와 활동지원사가 일행을 놓친 적이 있었는데, 우리가 불안한 기색으로 두리번거리자 어디서 나타났는지 곰두리 직원이 자기가 뒤에 있다며 걱정 말라고 안심시켰다. 현지 중국인 직원들의 배려도 감동적이었다. 하산 도중에 버스가 갑자기 정차했다. 운전기사는 우리 일행 중 한 명에게 다가갔다. 그는 안전벨트를 제대로 착용하지 못해 더듬대고 있었다. 운전기사는 낯선 언어로 그를 안심시키며 끈을 조절해 안전벨트 착용을 도왔다. 또 승하차 시에 보행 보조기를 함께 들어주기도 하고 몸이 불편한 일행이 충분히 자리 잡을 수 있게 기다려주었다. 버스가 다시 목적지를 향해 출발했고 나는 이 여행을 잘 왔다고 생각했다.

여행의 마지막 날, 공항으로 향하는 버스 안에서 한 명씩 소감을 이야기했다. 일행의 목멘 목소리가 차례차례 공간을 채웠다. 뜨거운 숨이 서로의 마음을 연결했다. 곰두리 체육관 관장님이 마지막으로 마이크를 잡고 수고했다는 격려 인사를 하다 울컥 감정이 복받치는지 말을 멈추었다. 그 역시 눈먼 동료들의 감정에 동화된 까닭이었다. 그가 말을 잇지 못하자 아들과 동행한 일흔 살 노모가 마이크를 다시 받아 들고 크고 명랑하게 노래를 시작했다.

"우리 만남은 우연이 아니야! 그것은 우리의 바람이었어."

노래가 끝나자 모두가 힘차게 박수를 쳤다. 서로가 서로에게 보내는 격려와 응원이었다.

진정한 클라크

24시간 후 내가 도착할 공항이 사라져버렸다는 소식을 듣고 모든 사고가 정지되었다. 당혹감을 추스르며 부랴부랴 항공사에 연락을 취했다. 상담원은 보상 따위는 없으며 항공료만 전액 환불 조치될 거라 통보하고 멋대로 전화를 끊어버렸다. 이때라도 이 여행을 멈췄어야 했다.

나에게는 징크스가 하나 있다. 오래전 잘못 채운 단추를 공개 석상에서 지적받은 일이 있다. 내가 눈이 보이지 않아서가 아니라 부주의했기 때문에 생긴 실수였다. 그러나 내 단추를 지적한 사람은 장애를 거론하며 내 자존심을 긁었다. 그날은 온종일 기분이 나빴고 불운이 계속됐다. 그 기억은 단추에 대한 강박으로 이어졌으며 징크스로 진화했다. 필리핀 클라크 여행은 잘못 채운 단추와 같았다. 어쩌면 이 여행지를 선택한 목적 자체가 잘못 끼운 첫 단추였는지 모른다.

클라크를 알게 된 것은 신문의 사회면 기사에서였다. 그곳은 주로 강력 범죄의 배경지로 소개됐으며, 사건 사고가 끊이지 않는 위험한 여행지라고 했다. 당시 내가 관심을 갖고 들여다보던 필리핀 관광객 납치 사건의 주무대도 클라크였다. 나는 욕망이 무딘 사람이지만 위험할 줄 알면서 환락가로 모여드는 심리가 궁금했다. 기회가 된다면 클라크를 방문해보고 싶다고 생각했다.

친구들이 여행 이야기를 꺼냈을 때 자연스럽게 클라크 이야기를 꺼냈다. 당연히 납치 사건이나 유흥가라는 소리는 하지 않았다. 마침 직항편이 늘어 항공료가 매우 저렴했다. 진짜 목적을 숨긴 채 그동안 알아봤던 사실을 이야기했다. 한인이 운영하는 시설 좋은 풀빌라가 있다더라, 차량이고 가이드고 다 포함한 가격이 보통 싼 게 아니더라. 나는 홈쇼핑 쇼호스트처럼 지금 클라크에 가야 하는 이유를 쉬지 않고 떠들어댔다. 선량한 내 눈먼 친구들은 굶주린 잉어 떼처럼 모여들어 내가 던진 떡밥을 의심 없이 받아먹었다. 여행 날짜만 정하면 그다음은 내가 다 맡아서 진행할 테니 너희는 아무 걱정 말라고 살살 꾀었다. 내 화술에 넘어간 친구들은 벌써 설렌다고 했다. 반면 나는 양심이 따끔거렸다. 눈먼 친구들을 위험한 도시로 함께 끌고 간다는 사실 때문이었다.

　속죄하듯 모든 여행 준비를 혼자서 했다. 항공권을 예약하고 고가의 여행자 보험을 들었다. 한인이 운영하는 리조트를 찾아 홈페이지 탐색을 시작했다. 리조트들은 같은 지역에 모여 있는지, 주소가 비슷했다. 전용 차량과 한인 가이드를 포함하는 옵션도 똑같았다. 리조트 상담원들의 친절한 응대도 하나같이 비슷했다. 리스트를 뽑아 견적을 받고 숙소를 예약했다. 무료 조건을 가장 많이 끼워주는 리조트를 선택했다. 여행을 하루 남기고 모든 경비를 지불했다. 그리고 출발을 24시간 앞두고 필리핀에 지진이 났다.

　클라크 공항은 지진의 여파로 건물이 붕괴되고 기능이 정지됐다. 나는 리조트에 전화를 걸어 환불을 요구했다. 리조트 상담원은 클라크 공항만 지진 피해를 입었을 뿐, 리조트 시설은 아무 이상이 없으며 리조트는 정상 영업 중이므로 한 푼도 환불해줄 수 없다고 거절했다. 내가 항의하자 그는 마닐라 공항은 정상 운영되니 그곳으로 입국하면 픽업 차량을 보내줄 수 있다는 합의안을 내놨다. 물론 픽업 비용은 별도였다. 클라크에서 마닐라까지는 자동차로 약 세 시간 거리였다. 친구들과 상의를 했다. 이대로 여행을 포기하면 수백만 원을 날려야 했다. 나는 죄인처럼 고개를 조아렸다. 결국 마닐라행 비행기표를 급하게 예약했다. 저가 항공임에도 취소한 항공료의 세 배 가격이었다.

열 시간 후, 나는 필리핀으로 향하는 비행기 안에 앉아 있었다. 걱정스러운 마음에 휴대전화로 필리핀 뉴스를 수시로 검색해보았다. 산발적으로 여진이 감지된다는 기사가 올라왔다. 위험한 일탈을 꿈꿨지만 이런 방식은 아니었다. 친구들에게 죄책감이 들어 괴로웠다.

우여곡절 끝에 마닐라 공항에 도착했다. 공항 직원에게 안내를 받아 짐을 찾고, 마중 나온 리조트 직원을 찾아 두리번거리고 있을 때였다. 목소리만 들어도 껄렁댈 것만 같은 남자가 다가와 내 이름을 불렀다. 나는 그의 목소리를 듣자마자 '이 여행은 망했구나.' 싶었다. 그가 인사도 없이 무어라 던지듯 말하고 혼자 걸어가 버렸다. 우리는 어리둥절해져서 멀뚱히 두 눈만 껌뻑대고 있었다. 저만치 걸어가던 그가 돌아서서 우리를 소리쳐 불렀다. 우리는 못 들은 척 가만히 서 있었다. 그가 화가 났는지 쿵쿵대며 쫓아와 왜 따라오지 않냐고 쏘아붙였다. 나는 우리가 시각장애인인 걸 전해 듣지 못했냐고 물었다. 그는 황당하다는 투로 몽땅 다 장애인이냐고 되물었다. 내가 끄덕이자 그는 일행 중 한 사람이 시각장애가 있다는 건 알았지만, 모두가 그러하다고 전해 듣지는 못했다고 했다. 긴 한숨이 그에게서 한 번, 우리에게서 한 번 번갈아 쏟아졌다. 나는 그에게 짐을 싣고 이동할 카트를 하나 가져오라고 말했다. 이렇게 시간만 보내서는 결론이 날 것 같지 않았다. 그가 느릿느릿 카트를 찾아 이동했다. 나는 일행에게 고개를 숙이며 사과했다. 그러자 친구들이 이번 여행에서 미안하다는 말은 금기어로 하자 했다.

카트 위에 짐 가방을 싣고 공항을 빠져나갔다. 가이드가 우리를 구석에 세워두고 준비된 차량을 호출했다. 곧 승합차 한 대가 우리 앞에 멈춰 섰다. 가이드는 뒷좌석 문을 열어놓고는 카트를 끌고 트렁크 쪽으로 가버렸다. 내가 앞장서 더듬더듬 차 문을 찾아 친구들을 안내했다. 승합차에 올라타자 피로가 급하게 몰려왔다. 차는 얼마나 오래된 건지, 시트가 엉덩이 모양으로 패어 있었다. 짐을 모두 실었는지 가이드가 트렁크 문을 닫고 보조석에 올라탔다. 그가 기사에게 무어라 말하자 기사가 껄껄 웃었다. 기분이 점점 나빴다. 가이드가 비꼬듯 지진 났다는 소리를 듣고도 여길 올 생각이 들었냐고 빈정댔다. 나는 지금이라도 돌아갈 테니 책임지고 환불해줄 수 있냐고 물었다. 그가 버럭 화를 내며 왜 자기에게 환불 이야기를 하냐고 목청을 높였다. 분위기가 살벌해졌다. 오래된 에어컨 냄새에 결국 멀미가 났다. 머리가 지끈거렸다. 아무도 입을 열지 않았다. 승차감은 최악이었다. 소달구지를 타도 이보다 편할 것 같았다. 차를 타고 한 시간쯤 지났을 때 가이드가 곧 휴게소라며 화장실에 갈 거냐고 물었다. 나는 멀미가 나니 잠시 바깥바람을 쐬고 싶다고 건조한 목소리로 말했다.

주차장에 차가 멈춰 섰다. 가이드가 먼저 내리더니 혼자 걸어가버렸다. 나는 차에서 내려 그를 큰 소리로 불렀다. 그러고는 우리를 화장실까지 데려가달라고 요청했다. 그가 우리를 짐짝처럼 끌어다가 화장실 앞에 내팽개치듯 하고 돌아갔다. 기분도 컨디션도 최악이 되자 갑자기 웃고 싶어졌다. 그건 내 성격이었다. 나는 자포자기하면 웃음이 헤펐다.

 눈먼 친구들을 이끌고 화장실로 들어갔다. 우리 행색을 보더니 누군가 다가와 내 팔을 부축했다. 청소 담당 직원이었다. 그녀는 우리를 화장실 빈칸으로 들여보내고 서서 기다리다가 세면대로 안내해주었다. 가이드는 화장실 앞에서 우리를 기다리고 있었다. 그가 차로 안내하며 우리에게 페트병 음료를 하나씩 건넸다. 나는 고맙다는 인사도 하지 않고 승합차에 올라탔다.

 고물 똥차가 목적지를 향해 속도를 냈다. 가이드는 왜 하필 클라크였냐고 물었다. 그 질문에 대답해야 하는 사람은 나뿐이었다. 나는 저렴하게 풀린 항공권 때문이었다는 핑계를 댔다. 그가 클라크를 소개하기 시작했다.

 "클라크는 3G로 유명한 곳이에요. 3G는 골프, 걸, 갬블이고요. 이 중 당신들이 즐길 게 하나라도 있나요? 나 참, 여길 왜 왔나 이해가 안 돼 묻습니다. 사흘간 뭐 하실 건데요?"

 나는 짜온 일정을 이야기했다. 그가 연신 불편한 듯 내 말에 끼어들려다가 일단 참고 들어나보자는 식으로 거친 숨을 푸푸 쉬어 댔다. 내 브리핑이 끝나자 그가 득달같이 반대하기 시작했다.

"앙헬레스는 여자들이 왜 가려고 하는데요? 거 유흥가라는 거 압니까? 수비크엔 물놀이도 안 할 거면 왜 가는데요? 아침 열 시부터 일정 시작이라고요? 우와! 환장하겠네."

그는 골프 여행을 온 남자들을 대상으로 야간 투어하는 게 전문이라며 불만을 중얼거렸다. 나는 가이드를 교체해 다른 사람이 우리와 동행해도 된다고 말했다. 그러자 그가 입을 꾹 다물었다. 자동차 안은 다시 침묵만 들어찼다. 운전기사는 눈치가 없는 건지 아니면 무척이나 심심했는지 가이드에게 말을 걸기 시작했다. 더듬더듬 그의 영어를 주워들었다. 그는 젊은 아내를 자랑했다. 자기와 스물다섯 살 차이가 난다는 것이다. 그러자 가이드가 뻐기듯 자기 여자친구는 열아홉 살이라고 말했다. 운전기사는 불한당처럼 휘파람을 불며 "필리핀 스타일." 하고 히죽댔다. 나도 모르게 웃음이 터졌다. '이 꼴을 보러 여기까지 와야 했나?' 하는, 나를 향한 조소였다.

리조트에 도착해 배정된 숙소에 들어갔다. 나는 다시 한번 소리 내 웃었다. 내가 예약한 숙소는 풀빌라였다. 건물 내부는 널찍하고 방도 네 개나 됐다. 그런데 홈페이지에서 그토록 강조하던 프라이빗 수영장이 겨우 큰 욕조만 했다. 수영은커녕 튜브만 띄워도 꽉 찰 정도로 협소했다.

일행 모두가 짐도 풀지 않고 거실 소파에 누워버렸다. 순간 바닥이 달달 진동했다. 여진이었다. 내 웃음에 전염됐는지 모두가 바람 빠지듯 일제히 웃어댔다. 우리 몸도 여진에 휩쓸리듯 산발적으로 경련했다. 어찌나 낄낄거렸는지 눈가에 눈물이 맺힐 지경이었다.

예상대로 여행은 엉망이 됐다. 내가 그토록 가보고 싶었던 앙헬레스는 치안 문제 때문에 데려갈 수 없다며 가이드에게 거절당했다. 해안가인 수비크에서 노을을 오랫동안 보고 싶었는데, 가이드가 곧 차 막힐 시간이라고 다그쳐 얼마 머물지도 못하고 다시 차를 타고 돌아와야 했다. 툴툴대는 가이드가 꼴도 보기 싫었지만 어쨌든 며칠간은 그의 안내를 받아야 했기에 팁을 챙겨주었다. 다음 날 그는 약속 시간을 두 시간 넘겨 출근했다. 전날 내가 준 돈으로 밤새 술을 마셨다 했다. 숙취로 정신이 나간 그를 끌고 산책을 나갔다. 그늘 한 점 없는 땡볕을 일부러 한 시간가량 걸었다. 가이드는 팔려 가는 소처럼 억지로 끌려다니다가 결국 풀숲에 어제 먹었던 내용물을 몽땅 게워냈다. 나는 괜찮냐고 묻지 않았다. 적당히 거리를 두고 서서 짜증 난 표정으로 그를 기다렸다. 생수로 입을 헹구고 다가온 그가 두 시간만 쉬게 해달라고 사정했다. 나는 그를 흉내 내며 투덜댔다. 그러고는 저녁에 라이브펍에 갈 거라고 통보했다. 그가 두 시간만 쉬게 해주면 가자는 데는 다 가겠다고 확답했다. 나는 그 말을 믿었다.

약속한 시간이 되자 숙소 앞에 승합차가 대기했다. 그러나 가이드는 나타나지 않았다. 운전기사가 가이드에게 계속 전화를 걸었다. 30분이 지났다. 멀리서 가이드가 헐레벌떡 뛰어왔다. 보조석에 올라타서는 일단 시내로 출발하라고 운전기사에게 지시했다. 그는 중얼중얼 무어라 핑계를 댔지만 나는 듣지 않았다. 그가 눈치를 살피며, 내가 방문하고 싶다 했던 라이브펍을 알아보니 좌석이 좁고 테이블도 몇 좌석 없다고 했다. 사람이 몰리면 입장까지 많은 시간을 대기해야 할지 모른다며 자기가 더 유명하고 분위기 좋은 펍을 알고 있으니 그리 가자고 설득했다. 나는 음악만 들을 수 있다면 어디든 상관없었다. 결과적으로 그가 데려간 곳은 공연이 없는 평범한 식당이었다. 외부나 다름없는 개방된 테라스석에 앉아 짜증 난 표정으로 맥주를 마셨다. 가이드는 음식만 시켜주고 사라졌다. 근처에 라이브펍이 있는지 음악 소리가 도로를 건너 아련히 들려왔다. 음식은 화가 날 정도로 비쌌고 맛이 없었다.

필리핀 여행은 마지막까지 나를 웃겼다. 마닐라 공항에 도착해 입구에서 줄을 섰다. 특이하게도 공항 입구에서 신원 확인을 했다. 가이드는 돈을 조금 주면 줄 서지 않고 먼저 들어갈 수 있다고 했다. 나는 기다려도 상관없었지만 가이드가 보채는 바람에 돈을 내고 빠른 줄로 옮겼다. 그때 공항 직원으로 보이는 남성이 다가와 일행의 짐을 받아 갔다. 나는 우리가 장애인이라 공항에서 서비스를 해주는 거라고 생각했다. 그들은 짐을 대신 끌어주며 항공사 카운터까지 우리와 함께 이동했다. 비행기 티켓을 받고 짐 가방을 부쳤다. 그리고 그들에게 고맙다 인사를 했다. 그러자 그들이 짐을 배달

한 값을 달라고 길을 막았다. 실실 웃음이 다시 터져 나왔다. 순식간에 돈과 영혼을 털리고 비행기를 탔다. 불운은 아직 끝나지 않았다. 우리 좌석 앞뒤로 꼬마 아이들이 마흔 명 넘게 앉아 있었다. 이륙 전부터 운동회가 시작됐다. 일행 중 한 친구는 비행기 타는 걸 두려워해서 비행 시에 항상 신경안정제와 수면유도제를 먹고 잠을 자곤 했다. 아이들에게 둘러싸인 다섯 시간의 비행은 지옥과도 같았다. 나는 당연히 한숨도 자지 못했다. 옆좌석에 앉아 있던 친구에게 눈을 붙이긴 했냐고 물었다. 그러자 그녀가 넋 나간 목소리로 말했다.

"아이들이 수면제를 이겼어."

그 말을 듣자마자 진심으로 웃음이 터졌다. 여행은 처음부터 끝까지 엉망이었다. 그러나 진정한 클라크를 경험했다는 생각은 들었다.

사랑과 도박은 한 끗 차이

왜 이번 목적지가 마카오였냐 물으면 그건 핵폐기물 때문이었다. 핵폐기물은 구제 불능 쓰레기 인생을 사는 한 남자의 별명이다. 그는 모든 걸 가진 남자였다. 예쁘고 사랑스러운 딸아이, 성실한 아내, 자애로운 부모. 그의 유일한 결핍은 책임감이었다.

그는 중증의 도박 중독자였다. 주머니에 돈이 생기면 사설 도박장에 살림을 차렸다. 도박꾼의 최후가 그러하듯 어느새 감당할 수 없을 만큼 채무가 생겼다. 결국 그는 신용불량자 처지가 되었다. 그는 성실하지도 못했다. 겨우 홀덤펍을 전전하며 바텐더 노릇이나 해서 용돈을 벌어 썼다. 사채를 수차례 갚아주던 부모와 아내는 이제 그를 포기했다. 딸은 제 아비를 '뺑쟁이'라 부른다고 했다. 그의 이름 밑에 줄줄이 전과가 붙었다. 도박, 절도, 횡령, 사기……. 가정은 풍비박산이 났다. 그러나 그는 명랑한 사내였다. 술이 한잔 들어가면 언젠가 다시 한번 마카오에 가서 한탕 하고 금의환향하겠다는 각오를 신나게 떠들어댔다. 마카오는 그에게 꿈과 환상의 엘도라도였다. 나는 핵폐기물의 인생을 혐오했지만 사람 자체는 좋아했다. 나는 은연중에 그의 낙원이 궁금했던 것 같다.

    시간이 있을 때마다 마카오에 대한 정보를 검색해 모으기 시작했다. 그즈음 친구 B가 퇴직을 앞둔 아버지와 여행을 계획하고 있었다. 원한다면 나도 데려가겠다고 했다. 이때다 싶어 마카오를 홍보했다. '호캉스' 하면 마카오라더라, 치안도 안전하고 음식도 다양하고 호텔에서 공짜 공연도 시시때때로 보여준다고. 클라크에 함께 갔던 B는 의심스러운 목소리로 누가 자살했거나 납치 사건이 있던 곳 아니냐고 추궁했다. 나는 뜨끔했다. 이전 여행지가 좀 위험한 관광지이긴 했다. 개인적 호기심을 채우기 위해 눈먼 친구들을 끌고 갔던 전과가 있었다. 나는 이번에는 진짜 그런 것 아니라고 부인했다. 그녀는 믿지 않는 눈치였다. 마지막 승부수를 띄울 때였다. 불쌍한 척 풀 죽은 목소리로 여행 코스만 짜주고 빠지겠다 말했다. 그러자 마음 약한 B가 내게 져주며, 하고 싶은 대로 하라고 허락했다. 그렇게 나는 핵폐기물의 낙원 마카오로 떠났다.

    5월의 마카오는 이미 여름 날씨였다. 가이드는 나와 한 살 차이인 한국 남성이었다. 그는 딱히 친절하지도 의욕적이지도 않은, 보통의 청년이었다. 그는 시간만 있으면 누군가에게 수시로 전화를 걸어댔다. 하지만 상대는 전화를 받지 않았다. 그 때문인지 정신을 빼놓고 있는 일이 종종 있었다.

　이번에는 전용 차량을 예약하지 않고 9인승 콜택시를 이용해 이동했다. 섬 자체가 매우 작고 일정상 이동이 많지도 않았기 때문이다. 마카오는 정말 카지노 빼고는 할 일이 없는 따분한 동네였다. 첫날은 카지노에서 슬롯머신이나 다이사이같이 단순한 게임을 두 시간 정도 했다. 슬롯머신은 요물 중에 요물이었다. 여덟 개 버튼의 사용법만 배우면 모니터가 보이지 않아도 음향을 듣고 신나게 놀 수 있었다. "사라락." 하고 나비 나는 소리가 났다. 그 나비가 상자에 갇히면 잭팟이 터진다 했다. 말발굽 소리가 초원을 향해 달려나갔다. 나는 정신없이 버튼을 눌러댔다. "따르릉." 사이렌이 울렸다. 판돈이 두 배로 올라갔다는 신호였다. 심장이 마구 두근거렸다. 숫자들이 정신없이 돌아가다 멈추고 서비스 게임이 시작됐다. 나는 눈 풀린 도박꾼 표정을 흉내 내며 주먹으로 버튼을 내리쳤다. 잠자코 서 있던 가이드가 타짜처럼 보인다며 인증샷을 찍고 싶냐고 물었다. 나는 싱긋 웃으며 일행을 살폈다. 내 옆자리에서 게임을 하던 B의 아버지가 탄식을 내뱉으며 농담했다.

　"아! 이거 참. 안 빠질 수가 없네. 퇴직금 타면 한탕 하러 또 한 번 와야겠구먼."

아버지의 목소리를 듣자 책임감 없는 한 사내가 내 머릿속에 소환됐다. 정신이 번쩍 났다. 가이드에게 당장 영수증을 빼달라고 재촉했다. 그 영수증으로 상금을 교환했더니 우리 돈으로 20만 원가량이 손에 쥐여졌다.

카지노를 나오니 딱히 할 것이 없었다. 세나도 광장을 어슬렁대며 무료 쿠키들을 시식했다. 여러 호텔을 돌아보며 공짜 공연들을 구경했다. 쇼는 5분 안쪽으로 끝이었다. 다시 세나도 광장으로 나가 무료 쿠키를 시식했다. 그리고 호텔을 돌아다녔다. 그것밖엔 할 일이 없었다.

사흘을 뭐 하며 버티나 고민하니 가이드가 댄싱 워터쇼가 유명하다며 추천했다. 환전해 간 홍콩 달러가 잔뜩 남아 있었기에 가장 비싼 앞 좌석을 예매했다. 관람석에는 우비가 준비되어 있었다. 주섬주섬 우비를 챙겨 입고 공연이 시작하기를 기다렸다. 내용은 대사 없는 서커스와 다이빙이 전부인 로맨스물이었다. 사람이 내는 소리라고는 주인공 여성의 비명뿐이었다. 우비가 필요한 이유가 있었다. 천장에서 비가 쏟아지고 무대 위 웅덩이 물이 관객석까지 튀었다. 대륙의 스케일에 놀랐고 신기했다. 그런데 그것도 잠시였다. 한 시간 내내 같은 패턴의 쇼가 이어지자 지루하고 따분했다. 습기 때문에 앞머리가 얼굴에 달라붙는 것도 짜증이 났다. 슬슬 허리가 아파서 몸을 배배 꼬고 있는데 뜬금없이 오토바이들이 튀어나와 무대 위에서 묘기를 부렸고 그것이 공연의 끝이었다. 개연성 없는 스토리에 어처구니가 없었다. 공연 관람료가 아까워 심통이 났다. 이 돈으로 북경오리나 한 마리 더 먹을 걸 그랬다고 후회했다.

일찌감치 호텔로 들어왔다. B와 커피를 마시고 있는데 B의 아버지가 옆방에서 수첩을 들고 건너오셨다. 그러고는 우리에게 댄싱 워터쇼의 내용을 설명하기 시작했다. 눈 못 보는 딸들을 위해 수첩에 공연 내용을 처음부터 끝까지 꼼꼼히 적어둔 것이었다. 호텔 방에서 우리는 두 번째 댄싱 워터쇼를 감상했다. 아버지의 어색하고 멋쩍은 연기에 코끝이 찡해졌다. 공연이 끝나자 우리는 호텔 방이 떠나가라 환호성을 지르고 박수를 쳤다. 아버지는 멋진 공연을 함께 관람할 수 있어서 기뻤다는 소감을 밝혔다. 그러고는 내일은 어떤 일정이 준비되어 있을지 무척 기대된다며 설레하셨다. 순간 감동과 웃음이 싹 식어버렸다. 사실 이번 여행은 호캉스였으므로 일정을 하나도 세워 오지 않았다. 발등에 불이 떨어졌다. 밤새 휴대전화로 여러 블로그를 뒤졌다. 다른 사람들이 마카오에서 뭘 했는지 찾았다. 스케줄을 급조했다.

다음 날에는 곤돌라를 타고 동물원에 들러 판다를 보았다. 한국 영화를 촬영했던 성당에 들르고 예약해둔 해산물 식당에서 식사를 했다. 아버지는 무척 신나했다. 반면 B와 내 얼굴은 점점 흙빛이 됐다. 앞으로도 이틀이나 시간이 남아 있었다. 아무리 짜내봤자

이 좁은 섬에서 할 일도 구경할 만한 장소도 더 이상은 없었다. 하는 수 없이 다시 세나도 광장으로 나갔다가 호텔들을 순회했다. 카지노들을 한 바퀴 돌아보고 로비에서 어슬렁댔다.

우리가 지루해하자, 휴대전화만 붙들고 있던 가이드가 하는 수 없이 나섰다. 그는 마카오의 정치, 사회 이야기를 간간이 하며 호텔들의 특징을 설명해주었다. 나도 헛소리로 거들며 어처구니없는 웃음을 자아냈다. 로비에 커다란 아쿠아리움이 있는 호텔이 있었다. 유리 수조 안에는 화려한 해수어들이 유유히 헤엄치고 있었다. 그 호텔은 해산물 레스토랑으로 유명한 곳이라고 가이드가 설명했다. 나는 "어쩐지 수족관이 크더라. 활어가 싱싱하겠구먼." 하고 능청스럽게 말했다. 가이드가 쓰러질 듯 웃어댔다. 그러면서 그 수족관은 횟집 용도가 아니라고 말했다. 나는 눈을 가느다랗게 뜨고 눈치 없이 농담을 지지하게 받아들이지 말라고 나무랐다.

다른 호텔로 이동했다. 그 호텔은 로비를 온통 꽃으로 장식해두었다. 조형물마다 달린 패널의 설명을 가이드가 해석해주었다. 말로만 듣는 작품 해설은 따분하기 이를 데 없었다. 나는 형식적으로 고개를 끄덕이며 다른 생각에 빠져 있었다. 거대한 공작새 조형물 앞에서였다. 가이드가 열심히 작품을 설명해주었다. 뒤처졌던 B와 아버지가 가이드의 말을 듣지 못했는지 내게 조형물의 제목이 뭐냐고 물었다. 당연히 나도 알지 못했다.

"무슨 새라 했던 것 같은데……."

머릿속에 새가 연상되자 점심에 먹은 닭 요리가 떠올랐다. 그래서 진지한 목소리로 아프리카 치킨이라고 대강 둘러댔다. 순간 주변에 있던 한국 관광객들이 마구 웃어댔다. 가이드가 길게 한숨을 쉬더니 본인도 웃겼는지 피식 웃어버렸다.

또 뭘로 시간을 때울지 고민하다가 호텔들의 장애인 화장실을 구경하러 다녔다. 이 화장실 투어가 꽤나 흥미로웠던 게, 특급 호텔마다 콘셉트며 관리 상태가 모두 달랐다. 현란한 로비와 다르게 낙후된 시설과 형편없이 관리되는 장애인 화장실을 볼 때면 그 호텔의 민낯을 본 것 같은 기분이 들었다.

갑자기 가이드가 커피를 대접하고 싶다고 했다. 그가 우리를 바다가 보이는 벤치로 데려갔다. 나란히 앉아 커피를 마시는데 그가 물어보지도 않은 자기 연애 이야기를 했다. 이틀 전, 이 자리에서 한국에 있는 여자친구에게 전화로 이별 통보를 받았다는 것이다. 마카오 여행 중 가장 재미있는 이야기가 시작될 것 같았다. 그는 첫 만남부터 연애 스토리를 풀어놓았다. 장거리 연애로 이별을 반복했던 구구절절한 사연이 쏟아져 나왔다. 어느새 커피 컵이 캔맥주로 바뀌었다. 하소연이 깊어지자 그가 울먹거렸다. 싫증을 잘 내는 내 성격상 슬슬 흥미가 사라져갔다. 집중하는 척 고개를 끄덕이며 바다 방향으로 시선을 돌렸다. 서서히 눈으로 붉은빛이 스며들었다. 해가 넘어가고 있었다. 내 시력으로 유일하게 느낄 수 있는 빛깔은 붉은색이다.

한참을 혼자 떠들던 가이드가 자기에게 마카오는 감옥이란 말을 했다. 나는 더 이상 가이드의 신세 한탄을 듣고 싶지 않아 그의 말을 끊고, B의 아버지에게 이번 여행이 어떠셨냐고 물었다. 아버지는 딸들과 함께하니 어딜 가든 즐겁고 행복했다 말했다. 사실 나에게 마카오는 따분한 여행지였다. 카지노에 흥미 없는 사람이라면 내 생각과 같을 것이다. 콧물을 훌쩍대던 가이드가 다시 휴대전화를 붙들고 연락을 시도했다. 나는 그에게서 핵폐기물의 미련을 보았다. 그 순간 알았다. 사랑도 도박만큼이나 중독적이라는 것을.

내 일상이 된 어둠이 바다 위로 착륙하고 있었다. 나는 미지근해진 맥주로 누군가의 잭팟을 위해 건배하고 싶어졌다.

여름날의 재즈 연주

 일주일 내내 비가 내리더니 오랜만에 해가 났다. 장마철 날씨는 종잡을 수가 없다. 습도가 높아 실내는 끈끈했다. 에어컨을 작동시키고 창을 열어 환기를 했다. 아침부터 밖은 찜통같이 더웠다. 후텁지근한 바람이 에어컨 냉기와 힘겨루기를 시작했다.

 오늘의 첫 손님은 오십 대 여성이었다. 시술을 반쯤 마쳤을 때 열린 창으로 물 냄새가 강하게 들어왔다. 하늘이 우르릉 우르릉 시동을 걸기 시작했다. 아니나 다를까, 창틀에 빗방울 부딪치는 소리가 났다. 나는 양해를 구하고 시술실 창문을 닫았다. 밖에서도 직원들이 열린 창을 닫느라 소란스러웠다. 다시 시술을 이어갔다. 고객에게 혹시 우산을 챙겨 왔는지를 물었다. 그녀는 지하 주차장에 차를 세워두어 걱정 없다고 말했다. 나는 농담으로 "우산을 빌려야 돌려주기 위해 다시 한번 방문하실 텐데." 하고 아쉬워하는 척했다. 그러자 그녀가 "그러게요. 그런 인연도 생기더라고요." 하고 대답했다. 나는 그녀의 목소리에서 오묘한 그리움을 느꼈다. 분명 그녀의 그리움 속 인물은 남자라는 확신이 들었다.

"고객님의 레이닝 맨은 누구신데요?"

내가 묻자 그녀가 소리 없이 미소를 지었다. 나는 그렇게 느꼈다. 분명 그 사람을 떠올리고 있으리라. 나는 잠자코 그녀의 상념을 지켜주었다. 빗줄기가 거세게 유리창과 창틀을 두들겼다.

동당동동당동당동당.

비가 연주하는 즉흥 음악은 재즈와 닮았다. 나는 내 안에 고여 있던 무언가가 씻겨나가는 기분이 들며 마음이 들떴다. 그녀도 내 마음과 같았는지 가벼운 목소리로 이야기를 시작했다.

그녀는 작은 식당을 운영했다. 점심 장사를 한바탕 끝내고 주방을 정리하고 있었다. 설거지를 마칠 때쯤 창밖이 어두컴컴해지더니 갑자기 소나기가 쏟아졌다. 홀을 정리하기 위해 주방에서 나오다가 그 남자를 발견했다. 남자는 우산 없이 소나기를 만난 모양이었다. 비를 피해 식당 밖 유리 벽에 바싹 몸을 붙이고 있었다. 그녀는 유리문을 안으로 당기며 열어, 남자에게 들어와 의자에 앉았다 가라고 권했다. 남자는 쑥스러운 표정으로 들어와 가게 현관 앞

테이블 의자에 앉았다. 두 사람은 말없이 비 내리는 거리를 넋 놓고 바라봤다. 소나기인 줄 알았던 비는 계속해서 내렸다. 빗줄기가 어찌나 거센지 바로 앞 인도조차 보이지 않았다. 그녀는 세상에 둘만 남은 고립된 기분이 들었다. 침묵이 내려앉은 실내에 빗소리만 가득 찼다. 비가 잦아들자 남자는 감사 인사를 건네고 걸어 나갔다. 그게 전부였다. 그런데 비 오는 날이면 어김없이 그날이 떠오른다는 것이다. 낯선 남자와 비 오는 거리를 하염없이 내다보던 순간이 말이다. 나는 그녀의 마음을 알 것 같았다.

몇 해 전 가을, 태국 방콕으로 세 명의 친구와 여행을 갔다. 방콕은 한창 우기였다. 날씨 운이 좋았는지 비는 밤에만 내리고 낮이면 멀끔한 하늘로 돌아왔다. 강렬한 태양이 밤새 고인 물웅덩이를 바싹 말려 대낮이면 길에 흙먼지가 날렸다. 우리는 방콕 여행이 처음이어서 넘치는 의욕에 일정을 빡빡하게 짜 왔다. 코끼리를 타고 짜오프라야강에서 보트 체험을 했다. 커다란 쇼핑몰을 돌아다니기도 하고, 땀에 절어 시장 골목을 헤매기도 했다.

전담 로컬 가이드 애플은 뜨거운 한낮에 돌아다니는 것을 질색하며 자꾸만 에어컨 바람이 나오는 실내만 찾아다니려 했다. 나는 이곳의 더위도 여행의 일부라고 생각했기에 단호히 거절하고, 계획대로 노천 식당에서 식사를 하고 밤이 되면 라이브펍을 순회했다. 전용 밴을 빌려 이동했는데, 방콕의 러시아워는 악명만큼이나 대단했다. 도로는 거의 주차장 수준이었다. 마음 같아서는 걸을 수 있는 거리면 걸어 이동하고 싶었다. 이런 내 생각을 애플에게 전했더니 기겁하며 딱 잘라 거절했다. 무조건 밴으로 이동해야 한다고 못 박았다.

그녀는 우리가 마사지나 받고 카페 투어나 하길 원했다. 현지인인 그녀는 우리보다 더 더위를 탔고 체력도 금방 바닥났다. 그녀는 내가 조사해 간 레스토랑과 펍을 매우 신기해했다. 평생 방콕에 살았지만 한 번도 방문해본 적 없는 생소한 장소라고 했다.

사흘간 우리는 매일 다른 라이브 재즈 펍에 들러 음악을 들었다. 즉흥 연주도 분위기도 모두 훌륭했다. 나중에는 애플이 더 신나하면서 즐겼다. 우리가 그만 호텔로 돌아가자고 재촉해도 조금만 더 있다 가자고 졸라댔다. 날씨 운은 어찌나 좋은지, 우리가 호텔로 돌아가면 그제야 천둥 번개가 치고 비가 정신없이 쏟아졌다.

여행의 마지막 밤도 라이브펍에 들러 음악을 들었다. 그날의 보컬은 백인 여성이었는데, 팝을 재즈로 편곡해 불렀다. 가랑비가 추적추적 리듬에 맞춰 유리 드럼을 연주했다. 우리는 분위기에 흠뻑 젖어들었다. 그날의 여운은 우리를 깊은 밤까지 잠들지 못하게 했다. 아쉬운 마음에 호텔 거실에 모여 앉아 캔맥주를 하나씩 들었다. 밖에서는 어김없이 벼락이 치고 비가 억수같이 쏟아졌다. 발코니 창을 조금 열고 빗소리를 안주 삼아 술을 마셨다. 피곤했는지 두 명의 친구는 먼저 방에 들어갔다.

거실에는 C와 나만 남았다. C는 유일한 남자 일행이라 방을 따로 썼다. 술이 오르자 몸이 나른해졌다. 나는 소파에 누워 눈을 감고 빗소리에 집중했다. 방콕에서의 마지막 밤이었다. 빗소리를 오랫동안 듣고 싶었다. 마음속에서도 폭풍우가 쳤다. 지나간 시간이 아쉬웠고 이유 없이 슬펐으며 지금 이 순간이 행복했다. 혼자만의 감정에 취해 있을 때였다. C가 내 머리맡으로 옮겨 앉았다. 그리고 C의 손이 내 손을 잡았다. 나는 황당했다. 머리 위로 벼락이 수십 번 내려쳤다. C와 나는 이성 간의 감정을 느껴본 적 없었다. 우리는 한동안 손을 잡고 빗소리를 들었다. 나는 C가 분위기에 취해 감정을 착각했음을 알았다. 가만가만 C를 타일렀다.

"우리, 내일 후회할 일은 만들지 말자."

힘주어 C의 손을 꼭 잡았다. 그는 잠에 취한 목소리로 알았다며 자기 방으로 들어갔다. 다음 날 우리는 아무 일도 없던 것처럼 시시덕거리고 한국으로 돌아왔다. 그날 밤 C가 비에 홀렸었다고 생각한다. 그렇기에 그날의 일을 한 번도 C에게 꺼내본 적 없다. 그와는 여전히 좋은 친구로 잘 지내고 있다.

비는 잠깐의 소나기였는지 거짓말처럼 뚝 그쳐버렸다. 재즈 공연이 끝나자 매미들이 무대를 이어받아 무더운 여름을 노래했다.

베트남, 그 비린 기억

온 동네가 텅텅 비었다. 마을 이르신들은 뉴질랜드로 양록 후계자 연수를 떠났다. 사실 연수는 대외적 핑계고, 부부 동반 관광 여행이었다. 비용의 절반은 영농 협동조합에서, 나머지 절반은 개별 부담이었다. 엄마는 아이들도 어리고 형편상 사치라며 연수 제안을 거절했다. 연수에 따라가지 못한 엄마가 당연스레 온 동네 가축들을 대신 돌봐주는 역할을 떠맡았다.

"난 죽어 개나 될 겨. 으이구, 내 팔자야."

엄마의 염불 같은 신세 한탄에 나도 짜증이 났다.

중학교 여름방학이 끝나고 개학 날이었다. 친구들은 서로 근황을 조잘대며 지난여름에 가족들과 떠났던 피서지 이야기를 속닥거렸다. 그 무리에서 입을 다문 사람은 나뿐이었다. 나는 여름방학 내 밭에서 고추나 따고 겨우 짜장면을 얻어먹은 게 추억의 전부였다. 바다나 계곡으로 피서를 떠나는 모습은 텔레비전에서나 보았다. 친구들은 손거울을 들여다보며 휴가지에서 얼굴이 새카맣게 탔다고 호들갑을 떨었다. 다른 이유였지만 내 얼굴도 그 애들 못지않게 그을려 있었다.

시각장애인 커뮤니티에서 베트남 여행 모집 공지를 보자마자 내 머릿속 엄마의 낡은 푸념이 불현듯 떠올랐다. 그러자 갑자기 이번을 기회 삼아 여행을 가봐야겠다는 충동이 내 팔을 잡아당겼다.

모집 인원은 마흔 명이었다. 조건은 반드시 동행자가 있어야 한다는 점이었다. 늘 그놈의 동행자가 문제였다. 나는 십 대 시절 발병한 질환으로 겨우 빛이나 구별할 정도의 시력만 남아 있다. 절친한 친구인 동료 장애인 D와 E를 살살 꾀였다. 두 사람이 내 유혹에 금방 넘어와 합세했다. 세 사람이 동행자를 찾기 위해 다 같이 동분서주했다. 결과는 신통치 않았다. 여행 비용을 일부 부담하겠다고 했으나 모두가 다음 기회를 이야기하며 에둘러 거절했다. 어떤 이는 그런 건 가족들이 가야 하는 거 아니냐며 나를 버림받은 강아지처럼 애처롭게 보았고, 그 바람에 나는 자존심이 몹시 상했다. 세상은 상냥하지 않다는 사실을 알고 있으면서 다시 사람에게 기대하고 마는 나약한 내 마음을 자책했다. 또 약자는 당연히 가족들이 부양해야 한다고 여기는 사회적 시선이 뼈아팠다. 가족이 없는 약자는 그럼 누가 부양해야 하는가?

내가 심난해하자 친구 D가 나섰다. 제 부모에게 회사에 휴가를 내고 우리를 데려가라며 떼를 썼다. D의 부모님은 울며 겨자 먹기로 허락했다. 그 대신 우리가 보답으로 여행 경비를 부담하기로 했다. 그렇게 우리의 첫 패키지 여행이자 첫 베트남 여행이 시작됐다.

7월의 하노이는 우리를 뜨겁게 반겼다. 관광버스에는 서른다섯 명의 일행이 올라탔다. 한국인 가이드 유는 가시 걸린 깔끄러운 목소리로 첫째도 안전 둘째도 안전이라며, 이번 여행의 목표는 무사 귀환이라고 수차례 반복해 강조했다. 반면 베트남인 가이드 아인은 작은 손을 내밀며 여행자들의 손을 하나하나 잡아주었다. 그녀는 스물한 살 아가씨로, 가이드 유의 지시에 따라 현지인들과의 통역을 맡아 뛰어다녔다. 한국말을 할 때면 부드럽고 상냥한 소녀 같았는데 제 나라말로 운전기사나 호텔 직원들에게 호통칠 때면 벼려놓은 칼날같이 매서웠다.

동남아 비행 스케줄이 대부분 그러하듯 심야에 도착해 호텔에 곧바로 투숙했다. 그리고 다음 날 아침 아홉 시부터 패키지 여행다운 빡빡한 일정이 시작됐다. 하노이 시내를 스트리트카로 돌아보고, 문묘며 환검 호수는 버스 안에서 설명을 들었다. 가이드 유는 우리를 버스 밖에 내려놓고 싶지 않아 했다. 그가 유일하게 일행을 버스 밖으로 내몰 때는 쇼핑센터 앞에서였다. 여행자들은 족제비 커피며 노니며 건강식품을 적당히 사주었다. 가이드 유는 본인 예상보다 매상이 좋았는지 입이 귀에 걸려 연신 "하하." 호탕하게 웃으며, 마이크를 잡고 관광지를 설명하고 질문들을 받아주었다. 그가 어찌나 열정적으로 창밖 풍경을 묘사하는지 깍쟁이라고 흉보던 마음이 슬며시 풀릴 정도였다. 일행을 태운 관광버스는 다음 관광지를 향해 달렸다.

    차체의 이상을 느낀 것은 고속도로 위에서였다. 잠깐 졸다 깼는데 고막을 긁는 고음이 끈덕지게 이어졌다. 그 소리는 모두의 귀에 공평히 들리는 모양이었다. 버스 안은 에어컨 냉기로 서늘했고 낮게 웅성이는 이들의 소리가 불길하게 느껴졌다. 앞에서 가이드들과 기사가 베트남어로 대화를 주고받았다. 분위기가 어수선해지자 가이드 유가 다시 마이크를 잡고 아무 일도 아니니 걱정 말라 안심시키며, 곧 휴게소에 도착하니 내려서 화장실도 가고 사지 못했던 물품이 있으면 쇼핑을 한바탕하라고 채근했다. 노골적인 쇼핑 강요에 결국 볼멘소리가 터졌다. 가이드 유는 들은 척도 하지 않았다.

    휴게소에서 30분 정도를 지체하고 다시 버스에 올랐다. 이번에는 아무도 물품을 사지 않았다. 가이드 유는 버스 앞에 서서 휴게소 담당자로 보이는 남자와 한동안 이야기하더니 마지막으로 버스에 올라탔다. 그는 마이크를 잡고 휴게소 사장이 화장실 이용료를 내놓고 가라 해서 혼났다며 질책 섞인 너스레를 떨었다. 이번에는 우리 모두 그의 말을 무시하며 침묵했다. 아무도 그의 뼈 있는 말을 상대해주지 않았다.

버스는 사원에 일행을 내려놓았다. 언덕을 조금 걸어 올라가 케이블카를 타고 산 중턱까지 올라갔다. 현지 가이드 아인이 종종 뛰어다니며 앞장섰고 가이드 유는 맨 마지막에 어슬렁대며 양몰이 개처럼 일행을 통제했다. 산을 내려와서는 다시 고속도로를 탔다. 버스에서 들리던 고음은 점차 과격한 굉음으로 변했다. 일행이 불안해하며 가이드 유에게 상황을 묻자 그도 난감한 목소리로 곧 호텔에 도착하니 그곳까지만 좀 참아달라고 사정했다. 사실 휴게소를 한 곳 더 들러야 하는데 급하니 그곳은 생략하겠다고 인심 쓰듯 말해서 분위기는 더욱 살벌해졌다.

우여곡절 끝에 호텔에 도착했다. 시간을 보니 저녁 아홉 시였다. 버스에 앉아 아무것도 하지 않은 것 같은데 몸은 무척 피곤했다.

다음 날 일정으로 하롱베이 선상 투어가 하루 내내 예정되어 있었다. 버스에서는 굉음이 어제보다 심하게 났다. 일행이 버스를 교체해야 하는 거 아니냐며 항의했다. 가이드 유는 선착장이 가까우니 그곳까지만 참으라고 했다. 우리를 내려놓고 버스를 공업사로 들여보낼 거라며, 정비를 받고도 계속 굉음이 나면 버스를 반드시 교체하겠다고 약속했다. 고장 난 버스는 무사히 선착장에 일행을 내려놓았다.

도착한 하롱베이는 바다라 하기에는 뭔가 허전하고 밋밋했다. 나는 유람선을 타고 한참을 지나서야 그 이유를 깨달았다. 이곳은 이상스럽게 바다 특유의 짠내가 나지 않았다. 수면은 잔물결 하나 없이 잔잔했고 고요했다. 그 흔한 갈매기 그림자조차 찾아볼 수 없었다. 갑판은 생각보다 덥지 않았다. 천천히 난간을 잡고 갑판을 한 바퀴 돌아보았다. 바람을 타고 물비린내가 밀려왔다. 나는 색채를 잃은 흑백의 세상을 상상했다.

내가 하늘을 올려다보고 있자 누군가 흰 구름 떼가 커튼처럼 온 하늘을 꼼꼼히 틀어막고 있다며 풍광을 해설했다. 유람선은 서행하며 바위섬 사이를 유유히 통과했다. D와 E가 차가운 맥주를 챙겨 갑판으로 올라왔다. 그들은 내 옆에 자리를 잡고 앉았다. 우리는 별말 없이 맥주를 마셨다. D의 부모님은 우리에게 필요한 게 있냐고 물었다. 모두가 고개를 젓자 그제야 당신들도 사진을 찍고 두 분만의 시간을 가졌다. 그 모습이 안쓰러웠다. 저들은 죽을 때까지 자녀의 눈이 되어야 한다는 숙명을 어깨에 지고 살아갈 것이다. 두 분의 분위기가 제법 그윽했다. 그들은 여행 내내 우리를 챙기느라 쉴 틈 없었다. 두 사람만의 시간을 만들어주자는 의견을 손짓으로 합의했다. 살금살금 짐을 챙겨 자리를 피했다.

선내로 내려오니 점심식사가 준비되어 있었다. 우리 셋은 아무

테이블에나 끼어 앉았다. 합석한 자리에는 시각장애인 부모와 두 딸이 먼저 자리하고 있었다. 우리는 통성명하며 인사를 나눴다. 부부는 나와 같은 전맹이었다. 자매는 각각 고등학생과 중학생이었는데 큰아이가 아버지를, 작은아이가 어머니를 짝지어 케어했다. 아이들은 사춘기답게 말투가 반항적이었고 자매끼리 수시로 아웅다웅거렸다. 나는 작은아이 옆에 앉았다. 테이블에 각종 수산물이 차려졌다. D의 부모님은 갑판에서 내려올 기색이 없었다. 한 상에 차려진 음식을 도움 없이 어찌 먹어야 하나 난감했다. 우리가 멍하니 입맛만 다시고 있자 자매가 소리 없이 내 앞접시를 집어다가 음식을 덜어주기 시작했다. 방금까지 개와 고양이처럼 앙앙대던 자매가 합세하여, 이건 손질해서 나눠주고 저건 소스가 섞이지 않게 다른 접시에 덜어주자며 척척 손을 맞췄다. 부부는 술잔을 기울이며 옆에 앉아 있는 우리를 좀 챙기라고 연신 훈수를 두었다. 아이들은 잔소리 좀 하지 말라고 대들면서도 제 아버지 술잔에 술이 떨어지면 얼른 채우고 새우 껍질을 까서 제 어머니 접시며 내 접시가 빌 새 없이 올려놓았다. 퍽 감동한 나는 챙겨주어 고맙다고 인사했다. 그러자 온 가족이 짠 것처럼 "당연히 도와야지!" 하고 합창했다. 그 상황이 뭉클했다.

사실 이 여행은 처음부터 마음에 들지 않았다. 동행자를 찾으며 자존심이 상했고, 처음 경험한 패키지 관광은 남는 것 없이 피곤하기만 할 뿐이었다. 식사를 거의 마쳤을 때 D의 부모님이 허둥지둥 갑판에서 내려와 우리를 찾았다. 자매가 우리까지 챙기며 식사를 돕는 것을 보고 무척이나 고마워했다. 자매의 아버지와 D의 아버지가 술잔을 기울였다. 자매의 어머니 옆에 앉은 D의 어머니가 아이들을 잘 키웠다고 칭찬했다. 그러자 자매의 어머니는 당연한 일을 했을 뿐이라고 말했다.

"우리 부부는 아이들에게 딱 한 가지만 교육해요. 넓은 마음으로 세상을 살아가라."

나는 눈먼 어머니의 교육관을 듣고 감동했다. 그녀는 기회만 있으면 아이들을 데리고 외국 여행을 떠난다고 했다. 비록 자신들은 캄캄한 세상에 살지만 아이들만은 더 넓은 세상을 보고 살길 바라는 마음에서라고 했다. 그들은 누구보다 건강한 부모였다. 나는 눈먼 부모를 가진 자매가 부러웠다.

여행의 마지막 날, 공항으로 향하는 버스 안에서 가이드 유가 마이크를 잡았다. 그는 첫날 우리의 멍든 다리를 보고 아득해졌다고 했다. 이마에 달고 온 생채기들을 보고 이들을 어떻게 안전히 인솔해야 하나 걱정했었다고 고백했다. 그는 더 많은 풍경을 말로 설명해주지 못해 미안하다는 말을 덧붙이며 마지막으로 쇼핑센터를 한 곳만 들렀다 가자고 농담을 했다.

비행기를 기다리며 D의 부모님이 여행이 즐거웠냐고 물었다. 나는 대답하지 못했다. 사흘간의 시간을 샅샅이 뒤져봐도 기억에 남는 장소나 신났던 액티비티가 전혀 없었다. 다만 사진 한 장만은 선명하게 내 마음속 액자에 걸렸다. 술에 취한 두 아버지와 두 어머니를 중심으로 자매와 우리 세 친구가 둘러앉았던 테이블. 나는 베트남을 떠올릴 적마다 그 비린 기억을 꺼내 볼 것이다.

뜨거운 차별

베트남 나트랑에 도착한 때는 새벽 두 시였다. 다섯 시간을 쓰러지듯 잠들었다가 기상해 호텔 로비에서 로컬 가이드를 기다렸다. 11월의 나트랑은 한창 우기였다. 아침 기온은 서늘했고 물기 머금은 공기가 묵직했다. 새벽부터 시끄럽던 오토바이 경적이 잠잠해져 있었다. 출근 시간이 지난 까닭이었다.

호텔 리셉션 직원이 내게 다가와 말을 걸었다. 대략 알아듣기로는 방의 컨디션을 묻는 것 같았다. 내가 영어를 잘 알아듣지 못하자 로비에 있던 한국인이 다가와 통역을 해주었다. 짐작대로 직원은 내게 호텔에서 불편한 사항은 없었는지 질문한 것이었다. 나는 그녀를 향해 최고의 가격, 훌륭한 룸 컨디션이었다고 대답했다.

조금도 과장하지 않은 진심이었다. 호텔은 불과 만오천 원짜리 방이라고는 상상치 못할 정도로 깨끗하고 정돈된 시설을 갖췄다. 직원이 무척 기뻐하며 자기 자리로 돌아갔다. 통역을 해준 남자가 내 옆에서 담배를 피웠다.

멀리서 오토바이 한 대가 달려와 내 앞에 정차했다. 오늘 나와 여행을 함께할 로컬 가이드 탄이었다. 그녀는 한국어가 유창했다. 독학을 했다는데 속담이며 요사이 젊은이들이 쓰는 신조어까지 한국말을 완벽히 구사했다. 내가 일정에 앞서 아침식사를 하고 싶다고 요청하자, 그녀는 내가 검색해둔 식당 대신 현지인들이 좋아하는 식당에 가보는 게 어떻겠냐고 권했다.

"언니, 한국인들에게 유명한 식당은 비싸고 진짜 베트남 맛이 아니에요. 내가 베트남 맛을 제대로 보여줄게요."

나는 흔쾌히 그녀의 의견을 따르기로 결정했다. 탄의 팔을 잡고 길을 걸어갔다. 그녀가 데려간 곳은 구글맵에도 나오지 않는, 간판조차 없는 식당이었다. 낮은 의자는 불편하고 식탁은 먼지와 찌든 기름때로 끈적였다. 하지만 음식 맛은 최고였다. 탄은 생소한 향신채들을 만져보게 해주고 향을 음미해보라 했다. 그녀는 내게 낯선 경험을 하게 하려 했다.

식사를 마치고 시내 구경을 시작했다. 매연과 뒤섞인 두리안 냄새가 내 코끝을 간질였다. 이 도시에 깊숙이 밴, 살아 있는 나트랑의 냄새였다. 현지인들 틈에 끼어 도로변 테이블에 앉아 베트남식 커피를 마셨다. 내가 탄에게 장애인을 가이드하는 게 쉽지 않을 텐데 어떻게 흔쾌히 투어를 맡을 생각이 들었냐고 물었다. 그녀는 잠시 고민하더니 라이따이한 이야기를 꺼냈다. 라이따이한은 베트남에 사는 한국계 혼혈을 일컫는 말이다. 탄의 말로는, 그들은 시골에서 살며 도시로는 잘 나오지 않고 은둔생활을 하며 살아간다 했다. 그녀의 말속에 그들에 대한 연민과 동정이 느껴졌다. 마음이 숙연해졌다. 탄이 내 장애와 라이따이한의 상황을 동일시하고 있다는 것을 알았다. 나는 베트남에서도 차별이 심각한 사회 문제냐고 물었다. 탄은 베트남에는 54개의 소수민족이 있지만 큰 분쟁 없이 살아가고 있다고 대답했다. 나는 그녀의 설명에 고개를 끄덕였지만, 사실 그 말을 믿지 않았다. 차별 없는 사회는 세상에 존재하지 않는다. 주류는 결코 차별을 인지하지 못한다. 탄도 다수 중 하나며 주류에 속해 있다는 생각이 들었다.

다음 일정으로 시장을 둘러보고 소품 숍에 들러 기념품들을 만져봤다. 상인과 옥신각신 흥정해 가방을 하나 사기도 했다. 어느새 퇴근 시간이 되었는지 도로에 오토바이 통행이 늘어났다. 우리는 신호등 없는 도로를 건넜다. 탄은 머뭇대지 말고 각자의 속도로 걸으면 위험할 일이 없다고 말했다. 오토바이 운전자들은 양보 없이 쌩쌩 달려와 내 옷깃을 스치듯 지나갔다. 처음에는 좀 긴장됐지만 도로를 반쯤 건넜을 때는 이곳만의 원칙을 지키면 충돌이 없으리라는 믿음이 생겼다. 도로를 건너고 나서 탄이 무서웠냐고 물었다. 나는 무질서 속에서도 질서가 있다는 사실을 깨달았다고 말했다. 갑자기 그녀가 내게 한국에서 무슨 일을 하는지 물었다. 나는 20년간 안마사로 일했고, 지금은 안마 일을 병행하며 글을 쓰고 있다고 말했다.

"언니는 꿈을 이루고 사네요."

나를 바라보는 탄의 시선이 좀 달라진 것 같았다. 그녀가 내 글을 읽을 수 있는 기회가 있으면 좋겠다고 말했다. 원한다면 내 책을 줄 수 있다고 대답했다. 탄이 무척이나 감동했는지 내 손을 꽉 잡았다.

"언니, 세상을 많이 보고 다녀요. 그리고 언니가 본 세상을 글로 써요. 그렇게 보이지 않는 세상을 말해줘요. 베트남 어디든 내가 언니의 눈이 될 사람을 구해줄게요."

탄의 뜨거운 응원을 듣고 매연으로 가득 찬 이 도시가 성겨워졌다.

이틀간 탄과 시내 투어를 마치고 숙소를 리조트로 옮겼다. 하루 종일 수영을 하고 선베드에 누워 휴식을 취했다. 고급 리조트는 비싼 만큼 서비스가 훌륭했다. 탄이 리셉션에 단단히 이르고 갔는지 직원들이 수시로 빌라에 들러 불편한 게 없는지 살폈다. 버기카를 타고 노천 온천에 들러 석양을 바라보며 파도 소리를 들었다. 자본의 맛은 지상을 천국으로 변화시켰다. 뜨거운 욕탕에 어깨까지 몸을 담그고 휘몰아치는 파도 소리를 감상했다. 온천을 즐기는 손님은 거의 없었다. 차가운 음료를 마시며 살갗이 쪼글쪼글해질 때까지 탕에 있었다. 행복에 취해 있다가 문득 직원들이 내 근처를 맴돌고 있다는 사실을 눈치챘다.

이제 그만 빌라로 돌아가려고 탕에서 몸을 일으켰다. 득달같이 리조트 직원이 다가와 내 손을 잡고 안내했다. 버기카 기사도 돌아가지 않고 대기하고 있었다. 기사가 나를 데려다주며 앞으로의 일정을 물었다. 나는 순순히 대답했다. 그러자 그가 체크아웃 이후 비행기 시간까지 뭘 할 거냐고 물었다. 또 누가 공항까지 데려다줄 거냐고 질문했다. 사실 그 밖에도 많은 이야기가 있었는데 나는 그의 영어를 반도 알아듣지 못하고 걱정 말라고만 했다. 그의 관심이 고마우면서도 귀찮았다.

탄의 소개로 체크아웃 이후 공항까지 안내해줄 가이드를 구해 놓았다. 공항 샌딩 차량도 예약해 두었다. 숙소에서 쉬고 있는데 누군가 객실 문을 노크했다. 나가보니 버기카 기사였다. 그는 본인이 리조트 매니저와 친분이 있으며 그에게 부탁해 내일 레이트 체크아웃을 요청했다고 말했다. 나는 대가 없는 친절은 없다고 생각해 왔기에 의심스러운 눈빛으로 그를 바라봤다. 그는 내가 알아들을 수 있게 번역 앱을 사용해 의사소통을 시작했다. 오후 여섯 시까지는 얻어낼 수 없었지만, 오후 세 시까지는 무료로 레이트 체크아웃을 할 수 있게 양해를 구해놓았다는 것이다. 그러니 천천히 준비해 체크아웃을 하라는 것이다.

"나는 당신이 사기를 당할까 봐 걱정됩니다. 택시가 필요하면 내게 이야기해줘요. 안심할 수 있는 기사를 소개할게요."

얼굴에 열이 올랐다. 선의를 의심부터 한 나 자신이 창피했다. 훈훈한 마음으로 베트남에서의 마지막 밤을 보냈다.

탄이 나를 보호해줄 만한 건강하고 힘센 가이드를 수배해놓았다더니, 공항까지 에스코트할 가이드는 튼튼한 팔을 가진 베트남 청년이었다. 리조트 직원들의 배웅을 받으며 공항으로 출발했다. 곤란하게도 내가 탑승할 비행기가 두 시간 연착되었다는 사실을 공항에 도착해서야 안내받았다. 난감한 노릇이었다. 공항은 한국인들로 인산인해였다. 항공사 카운터 앞에는 벌써 긴 줄이 늘어서 있었다.

나는 수하물 무게 때문에 빼놓았던 맥주와 음료를 마시며 시간 때울 계획을 세웠다. 그런데 항공사 카운터에서 먼저 티켓을 줄 테니 탑승구로 일찍 들어가 쉬고 있으라고 배려를 해주었다. 거절할 이유가 없었다. 약간 아쉬운 것은 입도 대지 못한 맥주와 음료들이었다. 짐 검사 전에 들고 있던 액체를 모두 내려놓고 직원을 따라 탑승구로 들어갔다. 앞으로 네 시간 이상을 기다려야 했다. 의자에 앉아 휴대전화로 책을 읽고 있는데 누군가 내 어깨를 톡톡 건드렸다. 그는 작은 목소리로 "유어 드링크." 하고 내가 두고 온 맥주와 음료를 슬쩍 가져다주고 갔다. 뭉클했다. 내가 장애인이기에 받을 수 있는 배려였다. 이런 뜨거운 차별이라면 나는 얼마든지 비주류로 남아도 좋겠다는 생각이 들었다.

이번 베트남 여행에서 가장 많이 들은 말은 "비 케어풀."과 사기당할까 봐 걱정된다는 현지인들의 말이었다. 그들의 선의가 내 옆을 지켜주었다. 고국에 도착하니 영하의 날씨가 나를 마중 나와 있었다. 어제 기록적인 폭설이 내렸다고 했다. 얇은 옷차림 때문에 몸은 꽁꽁 얼었지만 마음만은 여름 나라에서 데워진 열기로 후끈했다.

최고의 샌드위치

유난히 하루가 길고 지치는 날이 있다.

지난 크리스마스이브가 그런 하루였다. 장애인 콜택시가 일찍 잡힌 탓에 이르게 출근했다. 마사지 예약 상황을 살펴보니 오전은 예약이 적어 한가한 편이었고 오후는 예약이 많아 늦은 시간까지 업무가 타이트했다. 이른 퇴근은 이미 물 건너갔기에 체념하고 손님을 기다렸다. 점심식사로 김밥 한 줄을 꾸역꾸역 삼켰다. 커피 한 잔 마실 시간 없이 예약 손님을 받았다.

일을 마감한 때는 저녁 여덟 시가 다 되어서였다. 마사지 숍에는 접수 직원과 일을 막 끝낸 두 명의 안마사만 남아 있었다. 장애인 콜택시를 호출했다. 대기 인원을 확인하니 90명이 넘었다. 그러고 보니 오늘은 금요일이었다. 그것도 크리스마스이브 금요일. 도로는 막힐 것이고 택시를 잡으려는 이들은 계속 늘어날 것이었다. 무작정 장애인 콜택시만 기다릴 수 없어 일반 택시를 호출했다. 하지만 이쪽도 마비 상태였다.

피곤한 몸을 시술실 베드에 눕혔다. 바닥이 몸을 끌어당기는 듯했다. 30분, 한 시간. 계속 시간은 흘렀다. 접수 직원이 먼저 퇴근했다. 마사지 숍에 남아 있는 사람은 나처럼 단독 보행이 어려운 전맹 안마사들뿐이었다. 접수 직원이 난방을 끄고 퇴근했기에 실내 온도는 점점 내려갔다. 나는 잠들지 않으려 휴대전화를 뒤적거렸다. 신문 기사 페이지를 한 바퀴 돌아보고 메일함과 메시지함을 정리했다. 택시가 잡혔다는 메시지는 좀처럼 오지 않았다. 택시를 호출한 지 두 시간이 지났다. 대기 인원은 100명이 넘어 있었다. 빨리 집에 들어가 뜨거운 물로 샤워하고 차가운 맥주를 한잔 마시고 잠들고 싶었다. 작게 코 고는 소리가 들렸다. 택시를 기다리다 지친 동료가 곯아떨어진 모양이었다. 읽다 만 소설책을 재생했다. 코끝이 시렸다. 양쪽 귀에 이어폰을 꽂고 있는데도 동료의 코 고는 소리와 도로의 사이렌 소리가 정신을 산만히 흩뜨렸다. 소설 내용이 머리에 들어오지 않았다. 오디오북을 정지하고 다시 휴대전화를 뒤적였다. 그러다 초고만 써놓고 다듬지 않은 원고 파일함을 열었다. 목록을 주욱 살펴보다 10년 전 페낭에 갔던 기록을 발견했다. 원고를 한 줄 한 줄 읽는데 그때의 기억이 생생히 살아났다.

나는 고장 나 있던 서른 살로 돌아간다.

거울 앞에 앉아 머리를 빗는다. 머리카락 끝이 엉켜 빗질이 제대로 되지 않는다. 언제 미용실에 갔었는지 기억도 안 난다. 거울에 코를 대고 내 모습을 들여다본다. 두 눈을 아무리 깜박거려도 보이는 것은 없다. 주말에 가족들은 이미 저마다 약속으로 집을 비웠다. 옷장을 뒤져 외출복을 찾았다. 고등학생 때 샀던 티셔츠와 청바지 몇 벌을 꺼내 몸에 대보았다. 체중이 늘어 이제 맞지 않는 옷들이었다. 갑자기 허기가 졌다. 라면을 끓였다. 그러고 보니 어젯밤도 늦게 퇴근해 컵라면으로 허겁지겁 배를 채웠다. 그 전날은 뭘 먹었지? 편의점 삼각김밥이나 햄버거. 그 전전날은?

내게 식사는 때우는 것이었다. 돈을 아끼기 위해 저렴한 메뉴로 배를 채우는 것. 그게 끼니였다. 라면을 후루룩 삼키는데 눈물이 주르륵 흘렀다. 내 꼴이 청승맞았고 비루한 삶이 초라했다.

가족들에게 비난의 화살을 돌렸다. 난 이토록 비참하게 사는데 너희의 삶은 신나 보인다고. 그들은 네가 선택한 인생이면서 왜 원망하느냐고 나를 질타했다. 아무도 너에게 희생하라 강요한 적 없다 했다. 몸이 휘청였다. 세게 뺨을 맞은 기분이었다.

'이게 내가 선택한 인생이라고.'

아무 반박도 하지 못했다. 그들의 말이 모두 옳았다. 나는 돈을 열심히 벌었다. 내 가족들에게 해주고 싶던 일이 많았다. 무엇보다 경제적으로 안정되고 싶었다. 억척스럽게 일 욕심을 냈고 지독하게 절약했다. 그 결과가 이거였다.

 이제는 내 인생을 살겠다며 가족과 거리를 두었다. 그들은 굳이 나를 찾지 않았다. 나는 내 존재를 부인당한 것 같아 괴로웠다. 허수아비처럼 일상을 견디며 살았다. 눈을 뜨면 출근하고 허기지면 짐승처럼 배를 채우고 잠들던 날들. 내게 남은 건 돼지같이 살찐 병신 몸뚱이뿐이었다. 세상이 미워지기 시작했다. 이대로 길에 쓰러져 죽었으면 좋겠다고 생각했다. 그날도 한 걸음 뗄 적마다 속으로 온갖 저주를 퍼부어댔다. 인도에 불법 주차된 자동차 백미러에 명치를 호되게 얻어맞았다. 어찌나 아픈지 눈물이 찔끔 났다.

 "지겨워! 정말 지겨워 죽겠어."

 짜증스러운 속마음이 목구멍에서 튀어나왔다. 흰 지팡이를 천천히 휘저으며 발을 옮겼다. 그때였다. 어느 상가에서 틀어놓은 뉴스가 내 발목을 붙잡았다. 아나운서는 딱딱한 목소리로 말레이시아 국적의 항공기가 인도양에서 사라졌다는 소식을 전했다. 인근 해협을 샅샅이 수색하고 있지만 잔해는 아직 발견되지 않았다고 했다. 아나운서는 그 항로에서 비행기 실종 사고가 자주 발생했다는 사실도 전했다. 머릿속이 온통 사라진 비행기로 가득 찼다. 가느다란 소음이 들렸다. 소리의 진원을 따라 고개를 쳐들었다. 비행기가 내 머리 위로 지나갔다. 흰 지팡이를 쥐고 있던 손아귀에 힘이 들어갔다. 목표가 생겼다.

'인도양을 건너갈 거야. 사라진 비행기를 따라가보는 거야!'

황당한 충동이었다. 심장이 두근거렸다.

여행사에 전화를 걸었다. 뉴스에 나온 말레이시아 항공에 대해 질문했다. 상담사는 당황해했지만 내가 원하는 내용을 자세히 알려주었다.

그렇게 나는 인도양을 건널 준비를 시작했다. 우선 쿠알라룸푸르로 향하는 말레이시아 항공권을 예약했다. 원하는 호텔이 있냐고 상담사가 물었다. 나는 한국인이 없는 조용한 숙소를 원한다고 했다. 잠시 고민하던 상담사가 최종 목적지를 페낭으로 하는 것이 어떻겠냐고 물었다. 수도인 쿠알라룸푸르에서 비행기로 한 시간 떨어진 작은 섬으로, 아직 유명해지지 않은 휴양지라 조용히 쉬다 올 수 있을 거라고 했다. 목적지가 어디든 상관없었다. 알아서 예약을 해달라고 요청하자 상담사는 자기만 믿으라고 장담했다. 순식간에 일정이 잡히고 항공권과 스케줄 표가 내게 전달됐다. 돌아오지 않을 사람처럼 주변 정리를 시작했다. 다니던 회사를 퇴사하고 집에 최소한의 짐만 남겼다. 떠나기 이틀 전 여행사 상담원에게 전화가 왔다. 지금 말레이시아는 헤이즈로 공기가 썩 좋지 않은 상태라 했다. 그리고 태풍 소식도 있다며 걱정했다. 내가 원한다면 일정을 뒤로 미룰 수 있다고 했다. 그의 우려와 달리 나는 그런 상황이 기뻤다.

잠들지 못하던 밤, 나는 돌아오지 못했던 비행기 조종사의 글을 읽으며 시간을 견뎌냈다. 나는 오랜만에 기도했다. 제발 페낭에 도착하지 않게 해달라고.

테러범의 심정으로 비행기에 착석했다. 비행기 안은 만석이었다. 말레이인으로 보이는 승무원이 내게 와서 무어라 한참 이야기하고 갔는데 나는 그의 영어를 반도 못 알아들었다. 대강 추측하기로는 본인이 나를 전담 케어할 거라는 이야기 같았다.

인천의 하늘은 맑디맑았다. 기체는 가볍게 하늘로 뛰어올랐다. 가슴에서 심장이 자기 존재를 확인시켰다. 두렵고 설렜다. 마지막으로 기도했다. 이 비행기가 내가 원하는 목적지에 닿기를. 나는 웅성이는 승객들의 목소리를 귀에 담았다. 불순한 마음을 품고 있었기에 한편으로 죄책감이 들었다. 하지만 혼자가 아니라는 생각에 안도하는 마음도 있었다.

승무원은 내가 영어에 서툴다는 사실을 눈치챘는지, 쉬운 영단어로 느리게 말하며 필요한 게 있냐고 물었다. 나는 달콤한 샴페인을 주문했다. 나를 맡은 승무원은 피곤할 정도로 친절한 사람이었다. 요청하지도 않았는데 뜨거운 물수건을 가져와 한 단어 한 단어 또박또박 발음했다.

"핫, 핸드, 타월. 헬프 유?"

그가 건네는 물수건을 받아 신경질적으로 손을 문질러 닦았다.

기다리고 있던 그가 미소와 느끼함이 섞인 말투로 말했다.

"샴-페인."

그가 내 손에 샴페인 잔을 쥐여주고는 내가 테이블에 던져놨던 물수건을 갖고 사라졌다. 헛웃음이 나서 피식피식 미친 사람처럼 혼자 웃어댔다. 승무원은 잊을 만하면 다가와 내게 불편한 건 없는지 물었다. 나는 그의 지나친 관심이 귀찮아서 귀에 이어폰을 꽂고 자는 척 눈을 감고 있었다. 그러다 까무룩 잠이 들었다.

누군가의 헛기침 소리에 잠에서 깼다. 나는 시간부터 살펴봤다. 도착까지는 두 시간 정도 남아 있었다. 갑자기 초조해졌다. 승무원이 다가와 필요한 게 있냐고 물었다. 나는 와인을 한 잔 달라고 했다. 상반된 마음이 가슴속에서 서로를 되잡았다. 이성은 무사 귀환을 원했고 내 마음속 새카만 어둠은 그렇게라도 살고 싶냐고 힐난했다. 휴대전화로 『어린 왕자』를 이어 재생했다. 내가 꿈꿨던 미래는 이런 현실이 아니었다. 내 존재가 하찮은 모래알 같았다. 이대로 세상에서 사라지고 싶었다. 내일 아침 뉴스 속 실종자 명단에 내 이름이 나오길 바랐다.

그때였다. 기체가 요동치기 시작했다. 그토록 기다렸던 순간이 온 것이다. 기장은 방송으로 난기류 구간임을 알렸고 승무원들은 기내 서비스를 중단했다. 안전벨트를 착용하라는 방송이 연신 나오고, 몸이 바닥으로 떨어졌다가 갑자기 솟구쳤다. 겁에 질린 아이들이 울음을 터뜨렸고 여기저기서 알라를 찾아댔다. 비행기가 태풍의 영향권으로 완전히 들어갔다. 기체가 찢어질 듯 요동쳤다. 막상 이런 순간이 되자 공포가 나를 지배했다. 온몸의 모든 피가 바닥으로 쏟아지는 것 같았다. 두려웠다. 그러나 이 상황이 후회되지는 않았다. 마지막으로 달콤한 샴페인을 한 잔 더 마시고 싶다는 생각이 들었다.

기체는 한 시간가량 수난을 당하다가 거짓말처럼 안정되었다. 난기류 구간이 끝난 것이다. 기장의 무사 귀환 방송에 승객들이 환호하며 알라를 불러댔다. 나는 절망스러웠지만 안도했다. 종잡을 수 없는 내 마음을 들여다보았다. 공포로 잠식되었을 때 그 어느 때보다 살고 싶었다. 나는 건방지고 오만했다. 비겁하게 불행을 피하려고만 했다. 못난 마음을 자책했다. 멀뚱히 허공을 바라보고 있는데 승무원이 내게 다가와 손에 샌드위치를 쥐여주었다.

"오픈. 샌드위치."

나는 샌드위치를 받아 들었다. 보이지 않는 샌드위치를 와락 베어 물었다. 아삭거리는 채소와 고소한 치즈가 입속에서 뒤섞였다. 위장이 기쁘다는 듯 꾸룩 소리를 냈다. 살아 있기에 느낄 수 있는 감각이었다.

2장
덥지도 않은데 열이 난 순간들

큰 소득 없는 하루였지만 왠지 흥겨운 감정이 나를 들뜨게 했다.
그날 나는 멈췄던 글쓰기를 다시 시작했다.
여태껏 과거의 이야기를 했다면 앞으로는 현재와 미래의 이야기를
써보고 싶어졌다.

공허함을 채우는 필러 1cc

창으로 들이치는 가을을 감상한다. 바람은 서늘한 입술처럼 슬쩍 내 뺨에 입을 맞추고 푸스스 흩어져버린다. 늙은 까마귀가 쇳소리로 칵칵 가래 뱉는 소리를 내며 날아간다. 도시 냄새가 밀려온다. 매연과 먼지와 마른 풀 냄새가 담배 연기처럼 매캐하다. 부르튼 입술을 손가락으로 쓸며 지나간 계절을 그리워했다.

지난여름, 나는 쉬지 않고 원고를 썼다. 내 안에 그토록 많은 이야기가 웅크리고 있었다는 사실에 무척 놀란 시간이었다. 석 달이 정신없이 흘렀다. 퇴고를 마친 글을 정리해 목차를 만들고 단행본 한 권 분량의 원고를 만들어 출판사에 투고했다. 한 주에 네다섯 곳 출판사에 메일로 원고를 보냈다. 그렇게 한 달이 흘렀다. 연락해 온 출판사는 없었다. 그렇다고 해서 초조하거나 서운한 감정은 전혀 들지 않았다. 내가 쓴 원고가 글이라는 형상을 갖췄다는 것에 만족했다. 내게 글을 쓰는 행위는 과거와 직면하며 나 자신을 이해하는 과정이었다. 그 시간 동안 슬프고 아팠지만 행복하기도 했다. 그렇게 모든 감정을 털어냈고 과거와 온전히 작별했다. 나는 가벼워졌고 자유로웠다.

그런데 지금 느끼는 감정은 공허함이다. 나는 그 어느 때보다 잔잔해졌다. 일상은 안정적이었고 변한 건 하나도 없었다. 이때껏 살며 쓸쓸함이나 외로움이라는 감정을 한 번도 느껴본 적 없었다. 창으로 스며든 바람이 눅눅한 나뭇잎 냄새를 몰고 왔다. 계절을 탓하며 내 감정의 이유를 만들었다. 새로운 무언가가 필요했다. 이대로 허무함에 취해 시간을 낭비하고 싶지는 않았다.

그녀는 내게 토요일 오후 다섯 시에 마사지 시술받는 것으로 예약했다. 이전에 몇 차례 내게 시술을 받았다는데 나는 기억나지 않았다. 마사지를 시작하기 전에 그녀가 오늘은 엎드린 자세를 취할 수 없다고 양해를 구했다. 이유를 묻지도 않았는데 그녀가 얼굴에 필러를 맞아 조심해야 한다는 사정을 털어놨다. 나도 모르게 손으로 내 얼굴을 만져보았다. 나는 스물한두 살의 내 얼굴만 어렴풋이 기억했다. 나이를 먹은 만큼 내 인상도 변했을 것이다. 아무리 상상해도 지금 내 얼굴이 머릿속에 그려지지 않았다. 그녀가 시술을 시작하지 않고 머뭇대는 나를 돌아봤다. 나는 그녀에게 필러를 맞으면 기분 전환이 되냐고 물었다. 그러자 대답 대신 내게 마스크를 내려보라고 말했다. 슬쩍 마스크를 내려 내 맨얼굴을 보여줬다. 한동안 꼼꼼히 내 얼굴을 살펴보던 그녀가 제 나름대로 견적을 내기 시작했다. 이마에는 3cc, 콧등에는 1cc, 눈 밑 애굣살 주름은 고민해보라며 피부과 상담실장을 흉내 냈다. 그러더니 내 손을 자기 얼굴로 끌어당겨 시술한 곳을 만져보게 했다. 손끝에 말랑한 보형물이 만져졌다.

"쌤, 나 가슴에도 채웠는데 만져볼래요?"

그녀 말에 기겁하며 두 손을 등 뒤로 감추었다. 내 행동이 우스웠는지 그녀가 깔깔 웃었다. 나도 따라 웃으며 마스크를 다시 쓰고 마사지 시술을 시작했다. 그녀는 자기가 받았던 피부과 시술 후기를 상세히 말해주었다. 그러다가 무언가를 깨달은 것처럼 목소리가 진지해졌다.

"나는 예뻐지기 위해 미용 시술을 받고 있다고 생각했어요. 근데 그게 아닌 것 같아요. 내가 진정 원했던 건 기분 전환이었나 봐요."

그녀는 희귀암 투병 중인 아버지를 간병하고 있었다. 가족들이 돌아가며 환자를 돌봤지만 병환이 길어지자 온 가족이 지쳐갔다. 책임감 강한 그녀가 회사를 그만두고 자진해 아버지를 도맡았다. 동생과 교대하는 토요일은 그녀의 유일한 휴일이었다. 서른 살아가씨에게 끝을 알 수 없는 결박된 시간은 지옥일 것이었다. 그녀에게 필러 시술은 지루한 현실을 견뎌내는 방법이리라.

　그녀는 자신이 다니는 피부과 몇 곳과 추천하는 성형외과 이름을 적어주고 갔다. 휴대전화로 그녀가 알려준 병원을 검색했다. 나는 알고 있었다. 미용 시술은 그저 일시적 만족만을 느끼게 할 뿐이라는 것을. 하지만 낯선 경험이 끌렸다. 잠시라도 새로운 환경과 접촉해보고 싶었다. 텅 빈 가슴에 무엇이라도 채우고 싶었다.

　압구정역에 도착해 예약한 성형외과를 찾았다. 빌딩마다 성형외과 간판이 빼곡했다. 병원 이름도 비슷했다. 동행한 활동지원사가 길을 헤맸다. 겨우 병원을 찾아 들어갔다. 접수대에서 예약을 확인했는데 명단에 내 이름이 없었다. 하지만 상담은 받을 수 있다고 했다. 상담실장은 젊은 아가씨였다. 말투에 연변 사투리가 강하게 섞여 있었다. 그녀는 볼펜을 딸깍거리며 이마, 코, 턱을 모두 깎거나 보형물을 집어넣는 것이 좋겠다며 계산기를 탁탁 두들겨 비용을 보여줬다. 지금 당장 수술 예약을 잡으면 자기 권한으로 5퍼센트 할인해줄 수 있다는 말을 슬쩍 흘리기도 했다. 조금도 유혹적이지 않았다. 억지로 명함을 받고 나와, 예약했던 병원 주소를 다시 확인했다. 역시 방금 갔던 병원과 이름은 같은데 주소가 달랐다. 이동하며 활동지원사가 빌딩 간판에 적힌 병원 이름들을 마구잡이로 불러주었다. 5분 남짓 걷는 동안 수십 개의 성형외과를 지나쳤다.

병원에 도착해 접수대에서 예약을 확인했다. 이번에는 내 이름이 예약 명단에 있었다. 대기자는 한 명도 없었다. 곧바로 진료실로 안내받아 들어갔다. 의사 선생님은 목소리만 들어도 공부를 잘할 것 같은 모범생 스타일이었다. 이번에는 제대로 상담받고 싶어 내가 원하는 시술을 이야기했다. 그런데 의사 선생님은 내 말을 듣는 둥 마는 둥 하고 내 실명 원인과 병명을 묻더니 자기 어머니 이야기를 꺼냈다. 그의 어머니는 2년 전 망막박리로 실명하셨단다. 현재는 집에만 계시는데 어떻게 재활 훈련을 시켜드려야 할지 고민이란다. 효자 아들은 본인의 업무 따위는 관심 없는지 계속 일흔 살 노인이 다닐 만한 복지관이나 재활교육 시설에 대해 물었다. 그러면서 내게 눈 감고 사는 게 얼마나 힘드냐며 위로했다. 병원 과목이 성형외과에서 정신과로 변경됐다. 나는 본래의 목적인 성형과 미용 시술에 대해 질문했다. 그러자 그는 상담은 나가서 상담실장과 하면 된다고 말하며 계속 눈먼 삶은 어떤지, 가족들이 어떤 도움을 주어야 하는지를 질문했다. 나는 쏟아지는 질문 세례를 피해 도망치듯 진료실을 나왔다. 접수 직원이 전문의 특진비라며 내게 만 원을 결제하라 했다. 나는 뾰로통해져 특진비는 내가 받아야 할 노릇이라고 구시렁대며 카드를 긁고 나왔다.

별다른 수확 없이 다음 예약한 병원으로 향했다. 세 번째 병원은 할아버지 의사 선생님이 진료를 보았다. 그는 내 이마를 손끝으로 눌러보고 코끝을 살짝 당겨보더니 웬만하면 얼굴에 손대지 말고 살라며 타일렀다. 그러면서 스무 해쯤 더 나이를 먹고 피부가 처졌을 때 다시 찾아오면 예쁘게 리프팅을 해주겠다고 했다. 내가 보기에 은퇴가 몇 년 안 남아 보이는데 지키지도 못할 약속이었다. 나는 하다못해 필러라도 놔달라고 떼를 썼다. 그는 필러 시술은 하지 않는다며 다른 병원을 소개했다.

세 번째 허탕을 치고 지하철역 방향으로 걸어갔다. 단단히 각오하고 찾아왔는데 아무 소득이 없자 허탈하기도 하고 생소한 경험을 했다는 사실에 신기하기도 했다. 내가 입술을 삐죽대자 활동지원사가 마지막으로 아무 병원이나 들어가서 상담을 받고 가자 했다. 그렇게 즉흥적으로 눈에 보이는 첫 번째 병원에 들어갔다. 접수 직원은 예약 없이 방문하면 오랜 시간 대기할 수 있다고 했지만 10분도 되지 않아 상담실장과 대면할 수 있었다. 상담실장들은 한곳에서 교육받은 건지 매번 똑같은 레퍼토리로 눈, 코, 턱을 모두 손대야 한다고 말했다. 그녀가 1차 상담을 하고 담당 의사를 호출했다. 5분이나 기다렸을까? 서른 살이나 됐을 법한 젊은 의사 선생님이 내 앞에 섰다. 그는 내게 장애의 정도를 묻더니, 소리 나는 방향으로 시선을 두고 말해보라고 했다. 그가 시키는 대로 따랐다. 의사 선생님은 잠시 고민하더니 내가 모르는 습관을 일러주었다. 말할 때 나도 모르게 눈을 위로 치켜뜬다는 것이다. 이런 습관이 있는 사람은 눈매 시술을 하면 안구건조증이 생길 수 있다는 주의를 주었다. 그는 콧등에 필러를 약간 넣어보고 생활하다가 부작용을 감수하고서라도 성형이 간절해지면 그때 다시 상담 예약을 잡는 게 좋겠다고 했다.

콧등에 필러를 넣고 반창고를 붙인 채 전동차에 올랐다. 내 주변으로 얼굴에 온통 붕대를 감은 사람과 의료 관광을 와서 코를 산처럼 세운 외국인들이 있었다. 나는 슬쩍 콧등을 만져보았다. 말랑한 보형물이 연골처럼 느껴졌다. 시간이 지나면서 보형물은 조금씩 분해되고 사라진다 했다. 큰 소득 없는 하루였지만 왠지 흥겨운 감정이 나를 들뜨게 했다. 그날 나는 멈췄던 글쓰기를 다시 시작했다. 여태껏 과거의 이야기를 했다면 앞으로는 현재와 미래의 이야기를 써보고 싶어졌다.

창을 닫고 책상 앞에 앉았다. 습관처럼 콧등에 새로 생긴 가짜 연골을 만져보고 글쓰기를 시작한다. 허무와 고독을 밀어낸 건 아무도 눈치채지 못하는 필러 1cc였다.

눈먼 바리스타의 숫자 세기

비가 내리는 날이면 외출하기 전 창밖으로 손을 내밀어 비의 양을 잰다. 이슬비 정도라면 우산을 챙기지 않고 흰 지팡이만 들고 나간다. 우산을 든 채 보행하는 것은 매우 성가신 일이다. 많은 강우량이 예보된 날은 특별한 경우가 아니라면 외출을 삼가고, 피치 못한 경우에는 주로 장애인 콜택시로 이동한다.

매주 목요일은 플라멩코 수업이 있는 날이다. 비가 온다고 해서 내 맘대로 미룰 수 없는 약속이다. 학원은 집에서 지하철로 세 정거장 떨어진 거리에 있다. 평소에는 활동지원사가 학원까지 동행해준다. 혼자서는 학원에 들어갈 수 없기 때문이다. 학원 건물 입구에 전자 도어록 장치가 있는데 터치식이다. 보이지 않는 이들이 넘을 수 없는 유리 벽이다. 이 장치가 학원 현관문에도 있다. 스스로 나올 수는 있지만 혼자 들어설 수는 없는 구조다.

그날은 아침부터 시작된 비가 하루 종일 추적추적 내렸다. 장애인 콜택시를 불러야 하나 고민하고 있는데 비가 잦아들었다. 활동지원사가 이 정도면 우산을 쓰고 걸어가도 될 것 같다고 조언했다. 두 사람이 쓸 수 있는 장우산을 꺼내 들고 집을 나섰다. 가랑비가 내 한쪽 어깨를 적셨다. 물웅덩이를 피해 조심히 걸었다. 하지만 어느새 스민 물기 때문에 운동화 안이 축축하게 젖어버렸다.

지하철 역사 바닥도 물기로 미끄러워 평소보다 천천히 걸어 전동차에 올랐다. 누군가의 젖은 우산이 내 옷을 적셨다. 강한 실내 냉방 때문에 소름이 돋았다. 손끝도 얼음장처럼 차가워졌다. 하차해서 지하철 역사 밖으로 나가자 후텁지근한 바람이 무척이나 반가웠다. 학원까지는 조금 더 걸어가야 했다. 빗줄기가 점점 굵어졌다. 활동지원사와 어깨를 나란히 하고 우산 아래 몸을 구겨 넣었다. 평소보다 천천히 발을 뗐다. 그러다 호객 나온 커피 향기에 발목을 붙잡혀 걸음을 세웠다. 뜨거운 커피 한잔이 간절했다. 나를 붙잡은 커피 향기가 무척이나 매혹적이었다.

유리문을 열고 카페에 들어서자 로스팅한 커피 향기가 쏟아졌다. 생두를 직접 볶아 쓰는 로스터리 카페임이 분명했다. 실내 테이블은 세 개가 전부인 테이크아웃 전문점이었다. 테이블은 이미 만석이었고 좁은 실내 공간은 커피를 기다리는 이들로 옹색했다. 바 안에서 두 명의 젊은이가 정신없이 에스프레소를 추출해 주문받은 커피를 만들고 있었다. 나는 바 안에서의 움직임을 소리로 관찰했다. 그라인더가 돌아가는 소리와 원두를 정량 담는 도징(dosing) 작업, 30밀리리터의 에스프레소가 추출되는 소리, 포터필터(portafilter)를 분리해 커피 찌꺼기 퍽(puck)을 털어내는 작업. 바 안에서의 움직임이 눈앞에 생생히 그려졌다.

10년 전 나는 바리스타에 도전해 자격증을 취득했다. 교육은 4개월 과정이었고, 한 달 정도 더 연습해 자격증 시험을 치렀다. 함께 교육받은 이들 모두가 저시력이었고 전맹은 나 혼자였다. 교육을 담당한 마스터는 사십 대 남성이었는데 말투는 딱딱해도 손길은 다정한 사내였다. 나는 수업마다 사고를 쳤다. 스팀기로 우유 거품을 내다가 거품이 폭발하듯 뿜어져서 머신 주변을 온통 우유 범벅으로 만드는가 하면, 카푸치노 잔을 예열하다 바닥에 떨어뜨려 깨는 일도 여러 번 있었다. 사고를 치고 멋쩍게 웃으면 마스터도 피식 웃고는 난장판이 된 테이블을 말없이 치웠다.

바리스타 학원은 원래 커피용품 도매를 주업으로 하는 가게였다. 무엇보다 내가 그곳을 좋아한 이유는 로스팅 마스터가 매일 주문받은 원두를 볶기 때문이었다. 내가 구경하고 있으면 그녀는 오늘은 어떤 품종을 얼마만큼의 화력으로 배전하고 있는지 설명해주었다. 그러고는 열기가 채 식지 않은 원두를 한 줌 집어 내 코 앞에

갓다댔다. 품종에 따라 새콤한 과일 향기나 초콜릿 냄새가 풍겨 신기했다. 간혹 쿨링 작업이 끝난 갓 볶은 원두로 커피를 내려주기도 했다. 그 신선한 한 잔의 커피 향은 하루 종일 내 입과 코에 맴돌며 숨을 들이쉴 때마다 향긋한 기분에 젖게 했다.

바리스타 시험은 매우 엄격했다. 장애인이라고 시간을 더 주거나 가산점을 주지 않았다. 내게 주어진 시간은 20분이었다. 그 20분 동안 그라인더와 머신을 점검하고 내가 만들 커피를 소개해야 했으며 에스프레소 네 잔, 카푸치노 네 잔을 만든 뒤에 머신 정리까지 끝내야 했다. 마스터와 난 수십 번 반복해 연습하며 보이지 않는 이를 위한 최상의 카운트를 만들어냈다. 그리하여 내 모든 작업에 카운트가 정해졌다. 포터필터를 그라인더에 대고 원두 가루를 받는 시간은 15초, 포터필터를 머신에 장착해 에스프레소를 추출하는 데는 30초, 스팀피처(steam-pitcher)에 우유를 담아 거품을 내는 건 22초.

이제 남은 건 내 숙련도였다. 수십 잔씩 에스프레소를 추출하고 우유 거품을 만들었다. 시험 날짜가 다가올수록 마스터는 나보다 더 긴장하고 초조해했다. 마지막 수업이 있던 날은 시험과 똑같이 시현하고 마스터가 평가했다. 내가 걱정스러웠는지 로스팅 마스터도 시현에 참관했다. 첫 번째 도전은 제한 시간을 넘겨서 실격이었다. 두 번째 시현은 에스프레소용 데미타스 잔에 크레마 얼룩을 만들어 감점받았고, 카푸치노 거품도 모자랐다. 보이지 않아도 두 마스터의 얼굴이 흙빛으로 변했음을 알았다. "죽고 사는 일도 아니고 재수하면 되는데 뭘 걱정이에요." 하고 되레 내가 그들에게 위로를 건넸다.

드디어 시험 당일이 되었다. 감독관은 세 명이었다. 첫 번째 순서는 서빙이었다. 트레이에 물잔을 올려 감독관에게 다가갔다. 감독관은 테이블을 톡톡 두드려 물잔이 놓일 위치를 알려주었다. 나는 물을 서빙하고 오늘 내가 만들 커피를 소개했다. 그러고 나서 머신 앞으로 이동해 뜨거운 물로 커피잔을 예열했다. 잔이 데워지는 동안 첫 번째 커피를 추출했다. 포터필터를 빼내 마른행주로 안을 닦고 그라인더에 장착해 커피 가루를 받았다.

나는 소복이 담기는 커피 가루를 상상하며 속으로 카운트를 셌다. 카운트를 끝내고 테이블 모서리에 포터필터를 고정한 다음 탬퍼(tamper)를 집었다. 체중을 실어 꼼꼼히 도징한 뒤 탬퍼를 제자리에 놓고 포터필터를 머신에 장착했다. 추출 버튼을 누르고 다시 한번 카운트를 셌다. 1초, 2초, 3초……. 손을 멈춰선 안 됐다. 두 개의 데미타스 잔에 담긴 물을 버리고 포터필터 아래 내려놓았다. 추출된 에스프레소가 잔으로 떨어졌다. 용량은 정확히 30밀리리터여야 했다. 머릿속으로 숫자 세기가 끝나자 재빨리 추출 버튼을 다시 눌러 머신을 정지시켰다.

추출된 커피를 감독관이 시음하는 사이, 카푸치노 잔에 에스프레소를 추출하고 우유 거품을 냈다. 거품이 끓어오르는 부글부글 소리를 확인하며 스팀피처를 비스듬히 세웠다. 그런 뒤 테이블에 두들겨 뭉쳐진 거품을 쪼갰다. 그러고는 에스프레소 위에 우유 거품을 풍성히 올렸다. 작업을 다시 한번 반복했다. 포터필터에 낀 퍽을 털어내고 젖은 행주로 닦고 다시 마른행주질을 했다. 사용했던 도구를 정리하고 테이블 바닥에 커피 가루가 남아 있지 않도록 깔끔히 닦아냈다.

시음이 끝난 커피잔과 스팀피처를 트레이에 옮겨 개수대로 가져갔다. 마지막으로 설거지를 끝내고 내가 시험 종료를 선언하는 것으로 시험이 마무리됐다. 타이머를 멈춘 두 명의 감독관이 머신과 주변 정리 상태를 평가하는 것으로 바리스타 시험은 종료됐다.

나는 내게 커피가 전달될 때까지의 과정을 바 앞에서 함께했다. 내 주문 번호가 불렸다. 커피를 받아 든 나는 그리움의 향기를 맡고 추억 한 모금을 입안에 머금었다.

악마와 함께 춤을

그가 기타 연주를 시작했다. 선율은 부드럽고 흥겹게 시작됐다. 잔잔히 흐르던 음악이 작은 파도를 일으키듯 속도를 냈다. 빨라진 리듬에 맞춰 손뼉을 쳤다. 연주가 거칠어졌다. 음악이 너울처럼 공간을 쓸고 다녔다. 현란한 주법이 곡을 화려하게 채색했다. 나는 신나게 박수로 리듬을 맞추다가 어느새 손을 멈췄다. 음악은 여전히 신나고 흥겨웠다. 그런데 내 감정은 쓸쓸하다 못해 슬퍼졌다. 귀에 조율되지 않은 진동이 자꾸 거슬렸다. 연주는 마지막을 향해 달려갔다. 열정으로 가득 찼던 공간에 긴 파동이 물결을 만들었다. 곡은 황홀했고 내 마음은 깊이 침전됐다. 연주자도 청중도 한동안 말을 잇지 못했다.

"이게 무슨 음악이에요?"

여운에 취해 내가 묻자 그는 집시들의 음악 '플라멩코'라고 했다. 그 연주가 나와 플라멩코의 첫 만남이었다.

플라멩코 곡을 연주한 이는 같은 직장에서 일하는 안마사 동료였다. 그는 수십 년 클래식 기타를 연주했다. 그가 말하길, 플라멩코 기타 연주곡은 웬만한 숙련도로는 따라 할 수조차 없는 어려운 주법이 필요하다고 했다. 오늘 그가 연주해준 곡은 집시 광부들이 만든 곡이었다. 나는 앙코르를 요청했다. 그는 이제 막 플라멩코에 입문한 학생이라 제대로 연주할 수 있는 곡이 많지 않다며 곤란해했다. 내 목소리가 간절했던 걸까? 그가 다시 기타를 잡고 〈알함브라 궁전의 추억〉을 연주했다. 파르르, 공기를 울리는 선율이 신기루처럼 삽히지 않는 형상을 눈앞에 그리기 시작했다. 이 거친 화려함에 매혹되었다. 내가 플라멩코에 깊이 감명하자 그가 플라멩코에 맞춰 춤을 춰보고 싶진 않냐고 물었다. 나는 고민하지도 않고 당장 배워보고 싶다며 고개를 끄덕였다. 그렇게 플라멩코 스튜디오를 소개받고 플라멩코에 입문했다.

"환영합니다. 당신은 세상에서 두 번째로 어려운 춤을 선택하셨습니다."

첫 수업 시간, 강사님이 악마처럼 웃으며 내게 처음 건넨 말이다. 그녀는 인내심 강한 악마이면서 뾰족하고 상냥한 사람이다.

나는 선천적으로 박자를 맞추지 못하는 병이 있다. 같은 음악을 수십 번 들어도 리듬과 안무를 연결하지 못한다. 그 대신 내가 찾은 방법은 가사에 안무를 맞추는 것이다. 2년간 내게 플라멩코를 가르친 강사님도 이런 내 박자감을 인정했는지 말로 박자를 쪼개며 안무를 짜준다.

"네 박자에 동작을 넣어야 하니까, 잘 들어요. 띠 꼬따 띠꼬따 따단. 이러면 네 박자에 넣을 수 있겠죠?"

어느새 내 뒤로 다가온 강사님의 두 손바닥이 내 등 위에서 발동작을 흉내 낸다. 내가 이해했다고 고개를 끄덕이자 강사님은 자기 정수리에 내 손을 올려 몸을 지탱하게 하고 스페인어 숫자로 구령을 붙였다.

"우노 도스 트레스 콰트로……."

나는 발을 움직이며 강사님이 만들어준 발동작 박자를 입으로 내뱉는다.

"띠 꼬따 띠꼬따 따단."

강사님의 박수와 구령이 점점 빨라지고 내 발도 그에 맞춰 속도를 낸다.

"역시 내 새끼다! 잘한다!"

강사님이 플로어가 쩌렁하게 칭찬을 했다. 나는 어처구니없었지만 아무 말도 하지 않았다.

그녀와 나는 동갑이다. 그 사실을 1년이 넘어서야 알았다. 수업 시간에 잡담은 없다. 나도 강사님도 개인 신상이나 물으며 시간 때우기를 좋아하지 않았다. 플라멩코 스튜디오에 도착하면 강사님은 거의 입원해야 할 환자처럼 골골대고 있다. 그녀는 약골이었다. 천식을 비롯해 여러 질병을 달고 산다. 그런 강사님이 수업을 시작하면 영혼이 바뀐 것처럼 다른 사람이 된다. 플라멩코는 발을 바닥에 꽝꽝 구르고 손바닥으로 온몸을 두들기며 추는 춤이다. 시체처럼 늘어져 있던 그녀가 플로어에 서면 황소같이 공간을 점령한다. 온몸을 불살라 수업을 하는데, 그 열정 앞에서 딴전을 피우는 건 예의가 아니다.

수업이 끝나면 나는 후들거리는 다리로 도망치듯 스튜디오를 빠져나온다. 잠깐이라도 강사님이 편히 쉬었으면 하는 바람에서다. 강사님은 내 수업 뒤로도 계속 수업이 있었는데 저러다 쓰러지는 거 아닐까 하는 걱정이 들었다. 그렇게 플라멩코를 춘 지 2년이 흘렀다.

플라멩코 기타를 치는 동료는 가끔 본인이 연주한 곡을 내게 들려주었다. 여전히 음악은 황홀하고 서글펐다. 그는 플라멩코에 점점 깊이 빠져든다고 했다. 어느 날은 정신없이 연습을 하다 보니 열 시간이 흘렀단다. 시간을 확인하고 무아지경에 빠져 시간 가는 줄 몰랐던 자신에게 더 놀랐다고 했다. 나는 그의 열정이 부러웠다. 무언가를 미치도록 좋아해보는 것. 그것이 내 소망이었다.

플라멩코를 배우고 있지만 처음 시작과 달리 점점 흥미가 떨어졌다. 이런 내 마음을 눈치챈 강사님이 플라멩코 공연 티켓을 선물했다. 눈앞에서 공연을 감상하고 나면 플라멩코가 얼마나 매력적인지 알 거라고 했다. 플라멩코 공연 관람이 처음이라 무척 기대되고 설렜다.

공연이 시작됐다. 첫 무대는 칸테(cante, 플라멩코의 본고장 안달루시아의 민요)였다. 그녀는 자신의 박수에 맞춰 악기 없이 노래를 불렀다. 가사의 내용은 알 수 없었지만 독백처럼 시작한 곡이 점차 한 서린 비명처럼 달려가다 다시 잔잔히 흩어졌다. 나는 무대에 서 있는 여가수의 회한에 젖은 얼굴이 보이는 것 같았다. 처음 플라멩코 연주를 들었을 때 느꼈던 그 감정이 다시 내 안을 잠식했다.

첫 무대의 인상이 너무 강렬했던 걸까? 그다음 무용수들의 공연은 하나도 귀에 들어오지 않고 그저 소음으로만 들렸다. 집중이 깨지자 음악도 들리지 않았다. 박수와 발 구르는 소리가 공사판의 소음 같았다. 나는 관객의 환호가 이해되지 않았다. 무용수들의 열정은 거의 광인 같았다. 캐스터네츠를 부딪치고 지팡이를 두들기고 망토를 흔들며 발을 굴러댔다. 그들의 표정이 궁금했다. 동행인에게 무용수가 어떤 표정을 짓고 있는지 물었다. 예상대로 모두가 신나고 즐거워 죽겠다는 얼굴이라 했다. 사실 확인하지 않아도 저들이 뿜어내는 에너지로 알 수 있었다.

나는 앙코르 무대를 남겨두고 공연장을 빠져나왔다. 마음이 복잡했다. 플라멩코를 시작할 땐 내가 춤에 푹 빠질 줄 알았다. 그런데 지금은 그저 의무감만 남았다. 플라멩코를 향한 열정이 시들해졌을 뿐만 아니라 춤을 배워 스페인에 가보겠다 결심했던 내 마음가짐도 마찬가지로 힘이 빠졌다.

강사님이 공연 관람 소감을 물었다. 나는 사실대로 이야기했다. 무대 위 플라멩코를 미치게 좋아하는 사람들이 부러웠다고. 공연 내내 그들의 열정을 질투했노라고. 강사님은 씁쓸한 목소리로 말했다.

"어디나 결국 남는 사람들은 그 분야에 미친 사람들뿐이에요. 미쳐야지만 끝까지 남을 수 있거든요."

그날 강사님은 처음으로 자기 이야기를 했다. 예술을 반대하는 부모와의 갈등, 생계의 불안함, 그럼에도 놓지 못하는 플라멩코를. 나는 강사님의 독백을 듣고 미치도록 좋아하는 것이 있어도 반드시 행복하지만은 않음을 알았다.

강사님이 내 앞에서 춤을 추기 시작했다. 관중은 눈이 먼 나뿐이었다. 마룻바닥을 내려치는 발소리는 현란했다. 손바닥으로 몸을 북 치듯 내려쳐댔다. 그녀의 몸짓이 서글펐다. 나도 신발 끈을 꽉 조여 맸다. 그리고 플로어로 나갔다. 강사님 옆에서 발을 구른다.

어설픈 위로처럼. 발짓에 속도를 올린다. 강사님의 미소가 보인다. 그녀가 악마의 웃음을 짓고 말한다.

"환영합니다. 당신은 지금 세상에서 두 번째로 어려운 춤에 도전하셨습니다."

모네의 정원을 걷다

우연한 기회로 시각장애인을 위한 작은 전시회에 초대받았다. 배리어 프리 전시는 처음이었다. 기대감으로 전시회 날이 오기만을 손꼽아 기다렸다. 주최 측에서는 관람 전까지 어떤 정보도 제공하지 않았다. 그 점이 좀 의아했다.

전시회장을 찾아가는 길은 험난했다. 하루 종일 겨울비가 내렸고, 갤러리는 영등포 철공소들 사이에 숨어 있었다. 간판이 눈에 띄지 않아 골목길을 몇 바퀴 돌아야 했다. 갤러리는 낡고 허름한 건물 지하에 있었다. 반쯤 열려 있던 유리문으로 낡고 부식된 공기가 유령처럼 입구를 드나들었다. 상상과 너무 달라서 기대로 가득 찼던 마음이 푹 가라앉았다. 활동지원사와 나는 으스스한 건물 앞에서 들어가야 하나 말아야 하나, 한참 고민하다 용기를 냈다. 지하 계단을 내려가 문을 열고 들어서니 우선 상쾌한 아로마 향기가 마중을 나왔다. 그다음은 개구리와 풀벌레 소리가 나를 반갑게 맞이했다.

관계자로 보이는 두 청년이 나를 환영하며 의자로 안내했다. 그들은 이번 전시의 목적과 내용을 간단히 설명했다. 그들은 시각장애인도 그림과 사진을 감상하게 해주고 싶다는 의도로 전시를 시작했단다.

전시의 콘셉트는 '모네의 정원'. 모네는 프랑스의 화가로, 인상파를 대표하는 작가다. 그는 특히 빛과 대기를 구현해 낸 그림을 많이 남겼으며 정원을 사랑했다. 그리고 말년에는 질병으로 시력을 잃었다.

한 청년이 나를 안내해 인조 잔디 위에 서게 했다. 양팔을 벌려 오솔길 옆에 있는 갈대와 풀을 만져보라고 했다. 풀들은 내 허리춤까지 자라 있었다. 그가 내 손을 놓았다. 내가 서 있는 곳은 모네의 그림 속이었다. 그가 이제부터는 혼자서 오솔길을 걸어보라고 했다. 익숙하지 않은 생소한 길이라 걸음을 떼기가 망설여졌다. 내 마음을 읽었는지 청년이 위험한 장애물 같은 것은 하나도 없다며 나를 안심시켰다.

오솔길을 천천히 홀로 걸었다. 손끝에 닿은 풀들이 길을 안내했다. 청년은 나와 두 걸음쯤 떨어져 걸으며 손에 닿는 풀들의 종류를 설명했다. 발밑은 양탄자 위처럼 푹신했다. 헛디뎌 넘어진다 해도 다칠 것 같지 않았다. 그래서인지 혼자 걸어도 두렵거나 공포스럽지 않았다. 천천히 발길을 옮겼다. 손끝에 나무다리 난간이 잡혔다. 아치형 나무다리 위에 올랐다. 난간의 넝쿨식물들이 손등을 간질였다. 나무다리 맨 위쪽에 올라 아래를 내려다봤다. 청년은 내가 바라보고 있는 곳이 연못이라고 설명했다. 나는 물 위에 비친 내 모습을 상상했다. 반대편으로 내려와 연못을 더듬어보았다. 흙과 꽃들이 만져졌다. 누군가 안개 스프레이를 뿌렸다. 나는 안개 핀 연못과 숲속을 상상했다. 동그란 연못가를 한 바퀴 돌았다. 개구리가 다이빙하는지 퐁당퐁당 물장구치는 소리가 났다. 곳곳에 스피커를 설치한 모양이었다. 멀리서 풀벌레 소리가 아련히 들려왔다.

    오솔길에 앉아 습득한 감각을 되돌아보았다. 내가 만지고 듣고 느꼈던 공간을 머릿속으로 형상화했다. 서서히 내 앞에 그림 한 점이 완성되었다. 그제야 이들이 왜 전시회에 대한 어떤 설명도 하지 않았는지 알았다. 시력을 잃고서 아쉬운 점 중 하나가 그림이나 사진을 비장애인의 해설으로만 감상해야 한다는 사실이었다. 나는 타인의 시각을 빌려 세상을 본다. 그들의 해설만이 내가 얻을 수 있는 정보의 전부다. 한정된 정보는 자칫 고정관념을 심어준다. 그러나 이곳에서는 오롯이 내 감각만으로 작품을 감상했다. 이들이 원한 것이었다.

오랜만에 제대로 그림을 본 것 같아 기쁨으로 충만해졌다. 정원을 둘러보고 두 청년과 마주 앉아 전시를 감상한 소감을 이야기했다. 그들은 내 감상평에 수줍게 기뻐했다. 나는 청년들이 궁금했다. 전시를 계획하기까지의 과정을 물었다. 그들은 예술콘텐츠를 전공한 대학원생들이었다. 논문 연구 주제를 '시각예술의 형상화'로 정해 명화들을 재해석했다.

몇 차례의 전시가 호평을 받았고 이번이 네 번째 작품 전시란다. 기대 어린 마음으로 다음 전시 계획을 물었다. 그러자 싱글거리던 두 청년이 금세 시무룩해졌다. 어쩌면 이번이 마지막 전시일지 모른다고 작게 읊조렸다. 두 청년 모두 입대 날이 정해진 상태라고 했다. 나는 이 전시의 마지막 손님이었다. 아쉬운 마음에 한 번 더 정원을 돌아보고 싶다고 부탁했다. 청년들이 내 뒤를 따라다니면서 어떻게 설치 작업을 했는지 신나게 설명했다. 갤러리 대여 기간은 일주일이었다. 이틀 밤을 꼬박 새워 조형물을 설치했다고 한다. 그들은 내 손에 닿는 모든 것에 자상한 설명을 덧붙였다. 풀잎 하나하나가 다 그들의 손끝을 거친 것들이었다. 생화가 시들기도 전에 전시가 마무리되어 아쉽다고 속상한 마음을 털어놓기도 했다.

만일 다음이 있다면 어떤 전시를 하고 싶냐 물었다. 그러자 그들은 기다렸다는 듯 자신들의 계획을 마구 쏟아놓았다. 여러 이야기를 들었지만 가장 공감했던 것은 시각장애인들에게 혼자 자유롭게 느낄 수 있는 예술을 보여주고 싶다는 거였다.

천천히 풀들을 쓰다듬었다. 내 손끝에 그들의 열정이 닿았다. 작품을 감상한 것도 물론 좋았지만 내가 가장 감동한 것은 누구의 부축도 받지 않고 혼자 걷고 멈추면서 공간을 즐길 수 있었다는 점이다. 모네의 정원을 다시 한 바퀴 돌아본 뒤 청년들에게 멋진 그림을 보여줘서 고맙다고 인사했다. 청년은 숲의 냄새가 나는 아로마 향낭을 선물로 주었다. 향낭은 내 방 벽에 그림 대신 걸려 있다. 나는 숲의 향기를 느낄 때마다 내 눈동자 속에 그려진 모네의 정원을 본다.

벚꽃을 느끼는 방법

창으로 들어찬 봄볕이 유혹하듯 밖으로 나오라고 손짓한다. 활동지원사가 도착하면 천변을 따라 한두 시간 산책해야겠단 생각이 들었다. 약속된 시간에 초인종이 울렸다. 수미 씨는 집에서부터 자전거를 타고 왔는지 바람 냄새를 몰고 들어왔다. 그녀는 내가 부탁하기도 전에 앞장서 오늘은 반드시 산책하러 나가야 한다고 숨차게 주장했다. 천변의 벚꽃이 흐드러지게 만개했다는 것이다. 나는 새초롬하게 그렇게 원한다면 한번 동행해주겠다고 거드름 떨며 말했다.

"같이 나가줘서 고마워요."

수미 씨는 내 장난에 맞장구쳐주었다.

수미 씨는 7년째 내 활동지원사로 도움을 주고 있다. 나는 그녀의 눈으로 세상을 바라본다. 세월이 흐른 만큼 그녀는 내 감각을 보조하는 역할을 넘어서 감정의 일부를 떠맡고 있다. 내가 억울한 일을 당하면 나보다 더 분노하고, 장애로 인해 한계에 봉착하면 안타까움으로 본인이 더 괴로워할 때가 있다. 이젠 그녀의 선한 마음을 의심하지 않는다. 나를 향한 애정을 그대로 받아들인다. 그러기까지 7년이라는 시간이 걸렸다.

나는 배배 꼬인 사람이다. 대가 없는 선한 마음을 믿지 않았다. 수미 씨가 나를 영특하고 멋진 사람이라고 치켜세워도 진심으로 하는 소리가 아니라고 생각했다. 내가 보기에 그녀의 사고와 도덕 관념은 거의 교과서였다. 쉰 넘은 아주머니가 귀밑 3센티 단발머리에 종아리까지 내려오는 교복 치마를 입은 범생이 여고생처럼 순수했다. 반면 세상을 바라보는 내 시선은 냉소적이고 부정적이었다. 그건 장애 때문도, 자라온 환경 탓도 아닌, 본래의 내 기질이었다. 수시로 그녀에게 햇빛이 들지 않는 음지의 이야기를 해주어 세상은 결코 당신이 보고 있는 게 전부가 아니라고 일러주었다. 그때마다 그녀는 내 옆에서 내 어둠을 들여다보며 상상치 못했던 세상을 경험해본다고 말했다. 그녀의 마음에 번져가는 검은 얼룩을 볼 때마다 통쾌한 마음이 들었다. 어쩌면 나는 그녀의 해맑은 시선을 질투했는지도 모르겠다.

어느 날 그녀가 내게 말했다.

"승리 씨는 겉과 속이 달라요. 강한 척하지만 속은 여리디여려서 상처받을까 봐 먼저 벽을 세우죠. 누구보다 따뜻한 사람이란 걸 나는 알아요."

내 마음을 들여다보고 있다는 투의 수미 씨 말에 기분이 나빴다. 꼬투리를 잡아 짜증을 내고 부러 집안일을 만들어 호되게 노동을 시켰다. 그녀가 내 부탁을 거절 못할 것을 알았기 때문에 심술을 부린 것이다. 다음 날 그녀에게서 파스 냄새가 났다.

함께 길을 걸을 때 수미 씨는 내 반보 앞에 섰다. 안내 보행을 할 때 가장 이상적인 거리였다. 그녀와 나 사이 반보만큼의 거리는 마음과 마음 사이의 거리이기도 했다. 나는 항상 안전거리를 유지하려 했다. 나를 지키기 위해서였다.

만날 때마다 활기차던 수미 씨가 점점 변하기 시작한 것은 지난 봄부터였다. 때때로 고심하고 누군가와 수시로 연락했다. 정신을 빼놓는 일도 종종 있어 내 말을 듣지 못하고 되묻는 일이 왕왕 생겼다. '집안에 무슨 일이 생겼구나!' 하고 짐작했다.

그녀가 내 앞에서 울음을 터뜨린 날은 유난히도 바람이 맑고 화창한 날이었다. 수미 씨는 누가 봐도 울다 온 사람처럼 목이 꽉 잠긴 채 출근했다. 나는 그녀가 밖에서 울다가 나와의 약속 시간이 되는 바람에 미처 감정을 추스르지 못하고 내 집 초인종을 눌렀음을 짐작했다. 억지로 밝은 목소리를 꾸며내는 수미 씨에게 티슈를 뽑아주며 왜 울었냐고 물었다. 그러자 그녀가 본격적으로 슬픔을 토했다. 사랑하는 가족 중 한 사람이 시한부 판정을 받았고 희망을 기대할 수 없는 상태라는 것이다. 오늘 자전거를 타고 출근하며 라디오를 듣는데 평소 그가 즐겨 부르던 노래가 흘러나왔단다. 하늘은 파랗고 꽃은 만개하는데 내년에 이 아름다운 세상을 그와 다시 공유할 수 없다는 생각이 들자 주체할 수 없을 만큼 슬픔이 몰려들었다고 했다.

나는 빛을 느끼기 위해 창 쪽으로 고개를 돌렸다. 내가 유일하게 느낄 수 있는 환한 빛이 눈가로 파고들었다. 가슴속 저 아래서 뜨겁게 복받치던 것이 터져 나왔다. 내게로 전염된 수미 씨의 감정이었다. 상실은 내게 가장 두려운 감각이었다. 우리는 티슈에 얼굴을 묻고 한동안 말없이 울었다.

"자기는 겨우 한 번 스친 사람인데 뭐가 슬퍼서 울어?"

수미 씨가 물었다. 나는 쏘아붙이듯 대답했다.

"몰라. 사모님 때문에 나도 사라진 누군가를 떠올리고 말았어."

내가 그토록 유지하려 했던 반보만큼의 거리가 그날 사라져버렸다는 것을 수미 씨는 알고 있을까?

상실의 허무함과 고통은 영원한 이별을 겪은 사람만이 공감할 수 있다. 나는 남겨진 자의 지워지지 않을 흉터가 아파서 울었다. 상실의 흉터에서 때때로 염증이 생겨 부르트고 피가 날 것이었다.

그건 산 자가 짊어지고 갈 의무였다.

    수미 씨와 천변을 걷는다. 나는 빛이 고이지 않는 눈동자로 상상한다. 햇빛이 부서지는 강물 위를, 실바람에 흔들리는 초록의 잎사귀들을, 반딧불처럼 무리 지어 날아가는 분홍의 꽃잎들을.
    수미 씨는 시야에 들어오는 모든 사물과 형상을 말로 설명한다. 그것은 한탄과도 같은 순간의 아름다움이다.
    "이 말간 파랑을, 이 찬란한 흰 꽃잎을, 어떻게 표현해줘야 할까요. 내게 시각을 말로 풀어내는 능력이 더 있으면 얼마나 좋을까요."
    나는 슬며시 수미 씨의 감정의 능선을 넘어선다. 우리는 하나가 되어 감정과 감각을 동화한다. 그녀의 눈으로 세상을 바라본다. 만개한 벚나무가 천변을 따라 늘어서 있다. 사람들은 천천히 걸으며 꽃비 내리는 길을 걷는다. 낙화는 소리 없는 비명으로 생을 마무리한다. 꽃은 허공에 있을 때만 꽃이라 불린다. 나는 발에 밟힌 흉측한 아름다움의 잔재를 내려다본다. 그러고는 활짝 개화한 벚나무를 다시 올려다본다. 내가 느낀 감정은 슬픔이다. 만개한 꽃에게는 져버릴 일만 남아 있기 때문이다. 수미 씨는 짓밟힌 꽃잎들에 관해서는 이야기하지 않는다. 그녀는 내가 밝은 것, 빛나는 것만을 보길 원한다. 그 마음을 나는 알고 있다.

"승리 씨는 마음의 눈으로 이 풍경이 다 보이지요."

그녀의 말에 나는 캄캄한 현실로 돌아온다.

"사모님, 마음의 눈 따위는 다 헛소리라니까. 아직도 그런 허황된 소리를 믿어요? 향기 없는 꽃 따위 나한테는 아무 소용 없단 걸 언제 이해하시려나."

수미 씨는 내가 빈정대자 풀 죽은 목소리로 말했다.

"이 아름다운 세상을 어떻게 느끼게 해줄 수 있을까요?"

나는 짓궂은 미소를 지으며 정말 벚꽃을 느끼게 해주고 싶냐고 물었다. 그녀가 그럴 방법이 있다면 그러고 싶다고 했다. 나를 벚나무 밑에 세워달라고 했다. 그녀는 내가 시키는 대로 했다.

"이제 벚나무 둥치를 힘껏 걷어차요. 내 머리 위에 꽃비를 흠뻑 내려줘요. 나는 이런 식으로 벚꽃을 느껴볼게요."

반쯤 농담이었는데 그녀가 나를 세워놓고 벚나무로 걸어갔다. 쿵 쿵, 소심하게 나무를 걷어차는 다정한 나의 수미 씨가 나를 웃게 했다.

봄 손님

거실 창의 작은 발코니 난간에 새들이 날아와 앉기 시작한다. 몇 번을 쫓아도 그때뿐, 다시 몇 마리고 날아와 찰그랑 찰그랑 철 난간을 밟고 돌아다니거나 푸드덕 날갯짓을 해가며 내 신경을 산만하게 흩뜨린다. 나는 적당히 환기를 하고 창을 닫아버린다. 어느 순간 나는 무상 동거를 묵인하고 있다. 이 무단 점거범들과의 동거는 6년 전 윗집에 노인 부부가 이사 오고 나서 시작되었다.

노인 부부는 발코니를 커다란 야생 새장으로 꾸몄다. 새들이 앉아 놀기 좋게 횃대를 세웠고, 물과 먹이를 수시로 주었다. 무료 급식소가 소문났는지 온 동네 새들이 모여들었다. 아래층 발코니는 새들의 배설물로 오염되었다. 항의하지 않을 수가 없었다. 노인들은 새들을 일부러 불러들이지는 않았다며 시치미를 뚝 뗐다. 달걀 껍질이며 채소 조각을 새 모이로 준다는 사실을 뻔히 아는데 말이다. 새들이 모이 그릇을 엎어 그 내용물이 아랫집으로 쏟아져 내리는 일이 왕왕 벌어졌다.

아랫집들은 청소를 하다 하다 이제 두 손 두 발을 다 든 것 같았다. 해가 지날수록 노인들의 새장은 조금씩 확장되었다. 난간에 구조물을 덧대서 더 많은 새가 날아와 앉을 수 있게 자리를 넓혔다. 분명 불법 개축이었다. 날아오는 새 종류는 다양했다. 어느 날은 여자의 비명처럼 공기를 찢는 소리를 내는 새가, 어느 날은 열대 우림에서나 들을 수 있을 것 같은 뽀롱뽀롱 맑은 방울 소리를 내는 새가 날아와 내 아침을 깨웠다. 결단코 아름다운 기상은 아니었다. 새들의 개체 수가 늘어날수록 오염은 더 심각해졌다. 사진을 찍어 건물 관리인에게 보여주었다. 그는 그 집 노인들에게 이미 여러 번 주의를 주었다면서 고개를 절레절레 흔들었다. 층간 소음만큼이나 골치 아픈 문제였다.

이 무료 급식소는 봄에 열고 겨울에야 닫았다. 새들이 드나들지 않을 때 재빨리 청소를 해야 했다. 새들이 물어 나른 쓰레기는 다양했다. 나뭇가지와 비닐 끈은 이해할 수 있는 품목이었다. 녹슨 못과 드라이버를 발견했을 때는 이게 정말 새들이 물어 나른 것이 맞나 의심스러울 지경이었다. 철 난간은 새똥으로 범벅이었다. 화가 난 마음을 끌어안고 난간 청소를 했다. 위층의 다른 어르신도 새들이 몽땅 민폐덩어리라고 싸잡아 한참 욕을 했다. 그러다 내가 언제부터 새를 이토록 증오하였나 하는 생각에 이르렀다.

유년기 나에게도 새를 기다리던 시간이 있었다. 해마다 처마 밑기둥에 흙집을 짓고 살림을 차렸던 제비들을.

겨우내 거미줄 쳐진 빈 둥지를 올려다보며 봄에 다시 돌아올 손님을 하염없이 기다렸다. 촌부락이던 우리 마을은 주택 개량이 늦은 편이었다. 수리한 집들이라 해봤자 한옥 뼈대는 그대로 두고 부엌과 화장실만 내부로 들였다. 집마다 처마 밑에 제비 집 하나씩 없는 가구가 없었다. 이 봄 손님들은 아무도 모르게 나타나 빈집을 슬쩍슬쩍 드나들며 겨우내 방치됐던 둥지를 바지런히 수리하고 통보 없이 이사를 들어왔다.

우리 집에 찾아온 제비 커플은 맞벌이를 나가서 밤이나 돼야 둥지에 들어왔다. 그러다 어느 순간 한 마리씩 교대로 둥지를 지키기 시작했다. 제비 부부는 검은 양복을 갖춰 입고 꼭두새벽부터 부지런히 출근했다가 먹이를 물고 돌아왔다. 이때부터 세입자들과 집주인 간의 본격적인 갈등이 시작됐다. 둥지 아래 뜨락이나 대청으로 배설물이며 온갖 쓰레기가 투척되었기 때문이다. 매일 아침 뜨락을 물청소하고 대청을 닦는 게 일과가 됐다. 바삐 파종해야 하는 농번기의 농사꾼들에게는 여간 성가신 일이 아니었다. 하지만 어느 가구도 제비를 내쫓거나 둥지를 허물지 않았다. 이 불편한 이

옷과의 공생은 당연한 것이었다.

처마 밑 셋방이 쫑알쫑알 소란해지더니 식구가 늘어났다. 없는 살림에 자식 욕심은 어찌나 부려대는지 적게는 입이 네 개, 많게는 여섯 개나 늘어났다. 어린 녀석들은 부모가 아무리 먹이를 물어 날라도 성에 차지 않는지 새벽부터 밤까지 배곯아 죽겠다며 빽빽 칭얼댔다.

나는 앞마당에 서서 사촌 오빠 방에서 몰래 가져온 쌍안경을 눈에 대고 둥지 속을 들여다보곤 했다. 부모가 맞벌이를 나가면 집에 남은 어린 녀석들은 둥지 속에 숨어 죽은 듯 잠자코 있다가 부모가 근처를 맴돌면 기가 막히게 알아채고 입을 쩍쩍 벌리며 제 입에 먹이를 넣어달라고 소리쳐댔다. 입을 크게 벌릴수록 먹이를 받아먹는 횟수가 많았다.

날이 갈수록 새끼들은 자라나고 둥지는 옹색해졌다. 결국 낙상 사고가 일어났다. 제일 약한 새끼 한 마리가 둥지에서 밀려 떨어졌다. 뜨락에 떨어진 새끼가 살려달라 빽빽 소리를 쳐보지만, 먹이를 물고 온 부모 제비는 둥지 속 새끼들만 챙겼다. 안타까운 마음에 내가 발을 동동 굴러댔다. 어른들은 새끼 제비를 만지지 못하게 했다. 사람 냄새가 나면 부모 제비가 아예 새끼를 포기해버린다는 것이었다. 나는 어린 마음에 결국 어른들의 말을 무시하고 새끼 제비를 주워 들어 종이 상자에 넣은 뒤 대청마루에 올려놓았다. 내가 가까이 있으면 부모 제비들이 오지 않을까 봐 멀리서 숨죽인 채 지켜만 보았다. 상자 속 어린 새끼가 부모를 구슬프게 불러댔다. 그러나 제비 부부는 냉정했다.

다음 날 상자 속 새끼 제비는 딱딱하게 굳은 채 움직이지 않았다. 어른들의 말씀을 듣지 않아 새끼 제비를 죽인 것 같아서 죄책감에 눈물이 났다. 머리 위에서 남은 제비 새끼들이 빽빽 울어댔다. 형제는 죽었는데 먹이를 달라 재촉하는 꼴을 보자 괘씸한 마음이 들었다. 제비 꼬랑지조차 꼴도 보기 싫어졌다. 사촌 오빠의 쌍안경도 빼앗겼다. 어린애가 자꾸 쌍안경을 들여다보면 눈이 나빠진다는 이유로 숙모에게 압수당했다.

하루이틀 지난 뒤 나는 손차양을 하고 둥지를 다시 들여다봤다. 분명 다섯 마리의 새끼가 있어야 하는데 먹이를 달라고 입 벌리는 주둥이는 네 개였다. 나는 바닥을 샅샅이 훑었다. 뜨락에는 묽은 새똥만 떨어져 있을 뿐이었다. 대청 밑을 들여다보고 대청마루 위에 가지런히 놓여 있던 외할아버지의 백구두 속을 탈탈 털어봤다. 그럴 리 없겠지만 신고 있던 내 운동화를 한쪽씩 벗어서 속을 들여다보기도 했다.

그러다 하늘에서 빽빽대는 새소리를 듣고 지붕을 올려다봤다. 기왓장 위에 작은 제비 한 마리가 날개를 들었다 놓았다 하며 날갯짓을 어설프게 흉내 내고 있었다. 그 옆에 부모로 보이는 제비가 내려앉더니 시범을 보이듯 콩 하고 뛰어올라 활공을 시작했다. 새끼 제비는 주춤주춤 한동안 망설이더니 순식간에 부모의 시범을 따라 비행을 시작했다. 먼 거리는 아니었고 마당 건너편 헛간 지붕이 종착지였다. 어느새 다가온 부모 제비가 상이라도 주듯 물고 온 먹이를 입에 넣어주었다. 둥지의 새끼는 계속 줄어갔다. 부모를 따라 날갯짓하는 어설픈 비행사들이 줄 맞춰 마당 위를 날아다녔다. 결국 둥지는 비었고 제비 가족은 야반도주라도 하듯 예고 없이 떠나버렸다.

더 이상 뜨락을 물청소할 필요가 없게 된 집주인들은 대청에 앉아 이따금 빈 둥지를 올려다보았다. 그들의 얼굴에는 시원섭섭한 감정이 공존했다. 그렇게 제비는 박씨 대신 매해 봄을 물고 돌아왔다.

발코니 청소를 하다가 옛 어른들의 아량과 마음가짐을 생각해냈다. 그러자 이 작은 처마 밑조차 양보하지 않으려 하는 내 옹졸한 마음이 보였다. 도시생활이 팍팍하다 여겼으면서 정작 내 인심도 사나웠다.

올해도 봄 손님들은 어김없이 날아오리라.

나는 기꺼이 그들이 잠시 앉았다 갈 공간을 내주자고 마음먹었다.

어른이 되는 순간

목소리만으로도 한 부모 아래서 자란 사실이 대번에 드러나는 이들이 있다. 오늘 마사지 숍을 방문한 두 명의 중년 여성이 그랬다. 그녀들은 같은 동네에 살며 한 회사에 다닌다고 했다. 언니로 보이는 이가 퇴근길에 동생을 억지로 마사지 숍에 데려왔다. 두 사람의 분위기는 사뭇 달랐다. 언니 쪽은 활기차며 에너지가 넘쳤다. 반면 여동생은 수심이 가득 차 있었다.

나는 동생 쪽을 전담해 마사지를 시작했다. 그녀는 짐 가방을 끌어안은 것처럼 몸에 힘을 주고 있었다. 나는 그녀의 웅크린 몸을 밀고 당기며 편한 자세로 유도했다. 그러다 그녀가 손에 휴대전화를 꼭 쥐고 있는 것을 알게 되었다. 애인 전화라도 기다리시냐고 장난스럽게 물었다. 내 말이 끝나기 무섭게 휴대전화가 진동했다. 그녀가 허둥지둥 전화를 받았다.

상대는 아들이었다. 떨리는 목소리로 "엄마." 하고 부르는데 마치 젖내가 날 것처럼 보드랍고 앳된 목소리였다. 그녀는 어찌나 조급하게 전화를 받았는지 스피커폰 모드로 휴대전화를 귀에 댔다. "아들 어때? 일은 할 만할 것 같아? 기숙사는 지낼 만하겠어? 힘들면 힘들다고 말해도 돼. 엄마는 다 이해해." 그녀가 속사포처럼 가슴속 말을 토해냈다.

열아홉 아이는 실업계 고등학교에 다니다 집과 떨어진 지방에 취업했다. 아침까지 품에 끼고 있던 아이를 떼어놓은 어미의 심정이 어떠한지는 설명 듣지 않아도 짐작이 갔다. 엄마 목소리를 듣자 아이는 조금 울컥했는지 코가 맹맹해졌다. 잠깐 감정을 추스르듯 말을 잇지 못하더니 금세 엄마를 안심시켰다. 소년은 그 짧은 사이 청년이 되었다. 일도 기숙사도 모두 마음에 들고 사람들도 친절하다고 말했다. 그러나 그 통화를 듣던 모두가 알았다. 성년과 미성년의 경계에 선 그가 엄마를 안심시키기 위해 억지로 밝은 목소리를 꾸며내고 있다는 것을.

"아들, 금요일 밤이든 토요일 아침이든 너 편할 때 집에 와."

전화를 끊고 그녀는 눈물을 훔쳤다. 아들의 목소리를 듣자 그제야 마음이 놓이는지 조금씩 농담도 하고 몸의 긴장을 풀었다. 나는 손님의 기분을 맞추며 시술을 진행했다. 그러나 머릿속에는 자꾸만 혼자 남아 끊어진 전화를 꼭 쥐고 우두커니 앉아 있을 한 소년이 떠올랐다. 그 낯섦과 두려움이 내 가슴속까지 전달되는 것 같았다. 아무도 없는 구석에 숨어 훌쩍대는 소년은 열여섯의 내가 된다.

2001년 10월 10일, 나는 일주일 치 짐을 챙겨 외삼촌 차를 타고 도시의 장애인 학교로 향했다. 차에는 외삼촌과 엄마, 내가 타고 있었다. 원래 외삼촌과 엄마는 사이가 그리 좋지 않았다. 그런 외삼촌이 갑자기 서울에서 내려와 나를 장애인 학교까지 데려다주겠다고 했다. 엄마가 동행을 순순히 승낙한 것은 이해 못할 일이었다. 구두쇠인 외삼촌이 읍내에서 자장면을 사준 것도 불가사의한 일이었다.

고향집에서 장애인 학교까지는 자동차로 한 시간 삼십 분 거리였다. 엄마와 외삼촌은 앞자리에 나란히 앉아 집안의 이런저런 대소사를 이야기했다. 대화는 금세 소재 고갈로 끊어졌다. 자동차 안에는 어색한 침묵만 가득 찼다. 외삼촌이 라디오를 켰다. 나는 휴대전화로 고향 친구들과 문자를 주고받으며 놀고 있었다. 외삼촌이 뜬금없이 고물 차에 시동 걸리는 소리를 내며 컥컥 울기 시작했다.
"동상 어쩐댜. 내 동상 불쌍해서 어쩐댜."

룸미러로 외삼촌을 쳐다봤다. 그는 연신 손수건으로 눈물을 훔쳐냈다. 나는 휴대전화를 꼭 쥐고 창밖으로 고개를 돌려 흘러가는 풍경을 내다봤다. 외삼촌은 연신 눈물을 닦아내며 훌쩍거렸다.

"오빠, 다 죽일 거 아니면 참았다 내려서 울고, 지금은 앞 좀 잘 봐."
엄마가 쥐어박듯 퉁명스럽게 말했다. 그 바람에 찔끔 나오려던 눈물이 도로 들어가고 풋, 웃음이 나왔다. 외삼촌은 운전대를 잡은 채 계속 코를 훌쩍댔다.

장애인 학교에 도착해 교무실로 향했다. 젊은 남성 교사가 학교를 견학시켜주고 내가 생활할 여자 기숙사에 데려다주었다. 멀뚱멀뚱 따라오던 외삼촌은 먼저 차로 돌아갔다. 배정된 방에 엄마와 나만 남았다. 학생들은 아직 수업 중이라서 기숙사에는 아무도 없었다. 서랍에 옷을 정리하며 엄마는 나에게 있을 만하겠냐고 물었다. 엄마를 안심시키려고 싱긋 웃으며 여기서도 대장 노릇을 할 테니 걱정 말라고 했다.

"속옷 사이에 십만 원 넣은 봉투 끼워놨어. 여차하면 택시 잡아타고 집으로 돌아와도 돼."

나는 일부러 철딱서니 없게 공돈 생겼다고 좋아하는 척했다. 집에서 가져온 짐을 모두 정리했는데, 엄마는 계속 필요한 게 더 없냐고 물었다. 나는 필요한 게 생기면 편의점에서 사다 쓰겠다고 대답했다. 우리는 낯선 방 안을 둘러보며 한동안 말없이 앉아 있었다. 나는 언제까지라도 앉아 있으려는 엄마를 억지로 일으켜 그만 내려가라고 등을 떠밀었다. 빨리 엄마를 보내고 싶었다. 더는 참을 수가 없었다.

외삼촌의 차가 교문 밖을 나섰다. 나는 기숙사로 들어와 방문을 닫자마자 그 자리에 무너져서 두 손에 얼굴을 파묻고 울었다. 가슴에서 슬픔이 소용돌이쳤다. 내 신세가 처량했다. 나만 불행한 것 같아서 억울했다. 고향 친구들에게는 창피하고 엄마한테는 미안했다. 돌아가는 차 안에서 엄마도 분명 참았던 눈물을 쏟을 것이다. 귓가에 엄마의 통곡 소리가 들렸다.

눈물이 그칠 때쯤 하교한 아이들이 하나둘 기숙사로 들어왔다. 나는 룸메이트들과 인사를 하고 기숙사 생활 규칙을 설명 들었다. 아이들은 새로 입학한 나를 매우 신기해했다. 전맹 아이들은 내가 어떻게 생겼는지 어떤 옷을 입었는지 궁금해하며 슬쩍슬쩍 손으로 나를 더듬었다. 부담스럽고 익숙지 않아서 손길을 피해 살며시 몸을 뺐다.

마침 고향 친구들에게 전화가 걸려왔다. 나는 휴대전화 액정 화면에 뜬 친구의 이름을 보고 화장실로 뛰어 들어갔다. 전화를 받기도 전에 다시 눈물이 났다. 목을 가다듬고 전화를 받았다. 친구들은 딴소리를 한참 하다가 힘겹게 괜찮냐고 물었다. 그러자 다시 눈물이 마구 쏟아졌다. 나는 울면서 괜찮다고 거짓말을 했다. 힘내라는 말을 마지막으로 통화가 마무리됐다. 거의 5분 간격으로 친구들에게 연달아 전화가 왔다. 나는 그럴 때마다 화장실로 뛰어 들어가 엉엉 울며 전화를 받았다. 그런데 그것도 네다섯 번 반복되자 더 이상 눈물이 나오지 않았다. 위로도 식상하게 들렸다.

　세면장에서 세수를 하고 방에 들어서니 어느새 저녁식사 시간이었다. 아이들이 나를 끌고 급식소로 향했다. 식탁에는 이미 배식받은 식판이 놓여 있었다. 입맛이 없을 줄 알았는데 밥은 무척 맛있었다. 후식으로 나온 바나나까지 야무지게 챙겨 먹었다.

　저녁식사를 마치고 방으로 돌아가자 새로 입학한 내가 궁금했는지 아이들이 내 방으로 몰려왔다. 그 애들은 별스럽지 않게 자신이 실명된 이유를 말했고, 우스갯소리를 하듯 장애인 학교에 입학한 과정을 떠들어댔다. 애들의 사연은 하나같이 기구했다. 부모가 모두 장애인인 아이도 있었고, 갓난아이 때 쓰레기통에 버려져 구조된 고아도 있었다. 그날 밤 나는 낯선 공간에 누워 생각했다. '나도 저 애들처럼 불행이 익숙해지면 무뎌진 불행 속에서 일상을 살아가겠지.' 엄마가 비상금으로 놓고 간 십만 원은 새로 사귄 친구들과 유흥비로 탕진했다. 그리고 나는 눈먼 일상에 적응했다.

　낯선 공간에 혼자 남아 있을 소년에게 말하고 싶었다. 아직은 도망칠 곳이 있으니 당신도 후회 없이 부딪쳐보라고. 오롯이 혼자인 일상이 더 이상 두렵지 않을 때 비로소 내가 어른이 되었음을 알게 될 거라고.

덥지도 않은데 열이 났다

새벽녘, 땀에 절어 눈이 떠졌다. 시간을 보니 다섯 시였다. 밤새 날개를 돌리던 선풍기의 전원을 끄고 창문을 열었다. 서늘한 새벽 공기가 가을이 머지않았음을 알려주었다. 어디선가 기력이 쇠한 매미가 목을 가다듬는 소리가 이어지다 스러지기를 반복했다. 여름 무더위보다 징글징글하던 매미 소리였는데, 곧 이별이란 생각이 들자 짧은 생이 안쓰러워졌다.

세안을 하고 소파에 누워 어젯밤 읽다 만 책을 휴대전화로 들었다. 하지만 책 내용은 들리지 않고 자꾸 창밖 소리에 신경이 쓰였다. 통행 차량이 늘고 어느 상가에서 셔터 올라가는 끼익 끼익 소리가 하루의 시작을 선언했다. 퇴물이 된 매미는 마지막 지잉 소리를 내고 무대를 내려왔다. 이름 모를 풀벌레 떼가 불씨처럼 일어났다가 잠잠해지기를 반복하며 새로운 공연을 열었다.

이어폰을 꽂고 책을 두어 시간 들었다. 창으로 들이치던 바람이 점점 후덥지근해졌다. 햇볕이 몰래 창을 넘어 들어왔다. 읽고 있던 책을 정지시켰다. 밖에서 재잘대는 아이들의 소리가 들렸다. 여름방학이 벌써 끝난 모양이었다. 나는 다시 창밖으로 감각을 집중했다. 한 아이가 칭얼대며 먼저 가버린 형을 불러댔다.
"형, 나 데려가. 같이 가자고."
야속한 형이 기다려 주지 않는지 아이는 계속 떼쓰듯 소리치며 걸어갔다. 아이의 목소리가 점점 멀어졌다. 나는 머릿속으로 제 몸통만 한 가방을 멘 작은 아이의 뒷모습을 상상했다. 한쪽 손에 실내화 가방을 든 아이가 검은 단발머리를 찰랑이며 날 좀 데려가 달라고 소리친다. 아이는 계속 멀어지는 형태를 향해 결국 울부짖는다. 설움을 컥컥 내뱉으며 달려오는 아이는 내가 아는 얼굴이다. 그 애는 내 죄책감과 질투의 대상이었다.

가영은 수양 할아버지의 둘째 딸이 낳은 여자아이다. 그 애는 부모의 이혼으로 외갓집에 맡겨졌다. 나와는 두 살 차이였고 여름방학이 끝나면 나와 같은 초등학교를 다닐 거라고 했다. 수양 할아버지는 나를 불러 가영을 학교에 잘 데리고 다녀달라 부탁했다.

5학년이었던 나는 여동생이 생겨서 기뻤고 언니라는 말에 좀 으쓱하기도 했다. 나는 가영을 들로 산으로 끌고 다니며 개구리 잡는 방법을 알려주고, 양파 망을 손질해 잠자리채를 만들어주기도 했다. 가영은 순한 성격이었고 나를 잘 따랐다. 나는 언니 노릇에 취해 개학 날이 다가올 때까지 꼬마 대장 놀이에 빠져 여름방학 숙제를 손도 대지 않았다. 그 바람에 개학을 이틀 앞두고 밤을 새워가며 밀린 일기를 쓰고 탐구생활 숙제를 몰아쳐서 했다.

개학 날, 가영은 우리 집 앞에서 나를 기다리고 있었다. 나는 헛간에서 자전거를 꺼내서 대문 밖으로 나갔다. 가영이 자연스럽게 내 자전거 뒷좌석에 올라앉았다. 가영에게 네 자전거는 어쨌냐고 물었더니 바퀴에 바람이 빠졌단다. 할아버지가 오늘은 내게 좀 태워달라 하라고 했다는 것이다. 마침 수양 할아버지가 뒷짐 지고 슬슬 걸어와 가영을 잘 부탁한다고 말했다. 나는 하는 수 없이 가영을 태우고 출발했다.

초등학교까지는 정확히 십 리 길이었다. 평지도 있지만 언덕길이 더 많았다. 자전거가 속도를 내자 가영은 내 허리춤을 꽉 잡았다. 8월 말이었어도 햇살은 따가웠다. 금세 힘이 빠져 헉헉 숨을 몰아쉬었다. 경사가 급한 오르막길이 연속되자 가영이 점점 더 무겁게 느껴지고 다리가 후들후들 떨렸다. 힘들었지만 내가 언니니까 이 정도는 할 수 있다고 여겼다. 학교에 도착했을 때는 등줄기가 몽땅 땀으로 젖어 있었다. 얼른 자전거를 세워두고 가영을 교무실에 데려다줬다. 언니로서 책임을 다한 것 같아 무척이나 뿌듯했다.

운동장에서 개학식을 마치고 교실로 들어가 2학기 교과서를 받았다. 새 교과서를 넣은 가방은 제법 묵직했다. 집 방향이 같은 친구들과 자전거 보관소로 향했다. 가영은 내 자전거 옆에 서서 나를 기다리고 있었다. 그 모습을 보자 어깨에 멘 가방이 좀 더 무거워진 것 같았다. 가영을 태우고 다시 집을 향해 자전거 페달을 밟았다. 친구들은 이미 저만치 멀어졌다. 낮은 언덕을 올라가는데도 벌써 다리가 후들거렸다. 등교 때보다 가영이 두 배는 더 무거워진 것 같았다. 그러고 보니 가영도 새 교과서를 받았을 거였다. 갑자기 가영이 잡은 내 허리춤이 갑갑했다. 다행히도 하굣길은 오르막보다 내리막이 더 많았다. 집에 도착해 자전거를 멈춰 세우며 나도 모르게 끙 하고 신음이 나왔다. 장딴지가 땅기고 발바닥에서 열이 났다.

다음 날 아침, 가영은 또 우리 집 앞에서 나를 기다리고 있었다. 나도 모르게 아직도 자전거 안 고쳤냐는 퉁명스러운 말이 튀어나왔다. 가영은 고개를 끄덕이며 내 뒤에 올라탔다. 알이 밴 종아리에서 신경질이 올라왔다. 인상을 잔뜩 찌푸리고 말없이 페달만 밟았다. 당연하게 그날도 가영을 데리고 하교해야 했다.

다음 날 아침에도 가영은 우리 집 앞에서 나를 기다리고 있었다. 나는 화가 나서 "또!" 하고 빽 소리를 질렀다. 이대로는 안 됐다.

나는 자전거를 세워두고 헛간을 뒤져 자전거 공기주입기를 찾아 가영을 앞장세워 수양 할아버지 댁으로 갔다. 마당 화단에서 화초를 들여다보던 수양 할아버지가 두 눈을 껌뻑대며 왜 학교에 가지 않고 돌아왔냐 물었다. 나는 가영에게 헛간에서 자전거를 꺼내오라고 턱짓했다. 가영이 우물쭈물하며 제 자전거를 끌어왔다. 나는 손으로 자전거의 바퀴를 만져보며 공기압을 체크했다. 뒷바퀴는 손가락으로 눌리지 않을 정도로 공기로 꽉 차 있어 단단했다. 앞바퀴는 바람이 약간 빠져 있었는데 내가 고무 패킹을 빼내고 공기를 주입하자 금세 단단히 부풀어 올랐다.

"자, 됐지! 이제 네 자전거 타고 학교 갈 수 있겠지?"

수양 할아버지의 눈치를 흘깃 살피며 말했다. 내가 하는 양을 뒷짐 지고 구경하던 수양 할아버지가 흙 묻은 손을 털며 내게 말했다.

"아직 어린애라 혼자 자전거 태워 보내기가 불안해 그러는데 할아비가 오늘은 오토바이로 데려다줄게. 승리 네가 학교 마치고 올 때만 좀 태워 오면 안 될까?"

차마 싫다고 말하지 못했다. 입이 잔뜩 나와 헛간에 공기주입기를 집어던지고 자전거를 타고 학교로 달렸다. 오르막을 힘겹게 올라가고 있는데 가영을 태운 수양 할아버지의 오토바이가 내 옆을 쌩하니 지나갔다. 빈정이 상했다.

종례를 마치고 자전거 보관소로 향했다. 역시 가영이 기다리고 있었다. 가영은 내 눈치를 슬금슬금 보면서도 내 뒤에 올라탔다. 나는 어떻게든 심술을 표출하기 위해 거칠게 자전거를 몰았다. 일부러 푹 파인 구덩이를 지나가며 안장에 충격을 줬다. 가영이 엉덩이가 아픈지 "아야!" 소리를 냈다. 또 길가의 우거진 풀숲으로 바짝 붙어 지나가며 가영의 맨다리가 억센 잎새에 쓸리게 했다. 그런데도 가영은 끝끝내 자기 자전거를 타고 등교하지 않았다.

언니라는 책임의 무게는 점점 나를 한계로 몰아붙였다. 가영 때문에 방과 후 친구들 집에 놀러 가지도 못하고 꼼짝없이 집에 돌아와야 했다. 수양 할아버지는 은근히 아침 등교까지 내게 다시 떠넘기려는 의중을 보이기도 했다.

가을비가 추적추적 내리는 아침이었다. 나는 평소보다 이른 시간에 우산을 쓰고 학교를 향해 걸어갔다. 마음속으로는 수양 할아버지가 가영이를 태우고 가다 나를 보면 함께 오토바이로 데려갈 거라는 계산이 있었다. 멀리서부터 오토바이 소리가 다가왔다. 그런데 오토바이는 잠깐의 망설임도 없이 나를 스쳐 지나가버렸다. 우비를 입은 두 사람의 모습이 점점 멀어졌다. 학굣길 어디에도 가영은 보이지 않았다. 이미 수양 할아버지가 다녀간 것이다. 배신감과 노여움에 이를 갈며 비에 젖어 돌아왔다. 그날 젖은 운동화를 드라이기로 말리고 있는데 엄마가 수양 할아버지 댁 이야기를 했다. 가영의 아버지가 딸이 보고 싶어 서울서 내려왔단다. 그 때문인지 가영은 이틀간 등교하지 않았다. 슬쩍 수양 할아버지 댁을 지나갔다. 담장 너머로 가영과 그 애 아버지의 웃음소리가 넘어왔다. 가슴속이 부글부글 끓었다.

우리 아버지는 작년에 뒷산에 불을 내는 사고를 쳤다. 그 바람에 몇 년간 모았던 목돈을 몽땅 뒷수습하는 데 쏟아부었다. 식구들에게 면목이 없었는지 아버지는 집에 오지 못했다. 이유 없이 가영이 미웠고 영영 꼴도 보기 싫어졌다.

다음 날 등굣길에 가방을 메고 제 아버지의 손을 잡고 걸어가는 가영을 보았다. 가영은 쉴 새 없이 제 아버지에게 조잘댔고 아저씨는 가영을 향해 연신 웃었다. 나는 인사도 없이 쌩하니 부녀의 옆을 지나쳤다. 하굣길에도 나는 두 사람을 스쳐 지나갔다. 감정이 마구 소용돌이쳤다. 나에게 무심한 아버지도, 내게 눈길 한번 주지 않고 제 아버지와 까르르 웃던 가영도 모두 미웠다.

다음 날 가영은 수양 할아버지의 오토바이로 등교했다. 가영의 아버지가 서울로 돌아갔음을 알았다. 종례를 마치고 창밖으로 자전거 보관소를 내다봤다. 예상대로 가영이 나를 기다리고 있었다. 나는 학교 뒷문으로 나가 친구들과 운동장에서 놀며 시간을 때웠다. 이따금 숨어서 자전거 보관소를 살폈다. 가영은 오랫동안 나를 기다렸다. 나는 소리 없이 콧방귀를 꼈다. 결국 가영이 포기했다. 교문 앞에도 자전거 보관소에도 가영의 모습이 보이지 않았다.

나는 그제야 자전거에 올라타 집으로 향했다. 가영은 연신 뒤를 돌아보며 집으로 걸어가고 있었다. 나는 곧 가영을 따라잡을 수 있었다. 내가 다가가자 햇빛에 타지 않은 가영의 흰 얼굴이 환히 미소 지었다. 그 모습이 무척이나 얄미웠다. 반갑게 쳐든 가영의 손이 무색하게 나는 그대로 스쳐 지나갔다. 뒤에서 가영이 "언니!" 하고 나를 애타게 불렀다.

"같이 가, 언니!"

가영이 다급하게 나를 불렀다. 타박타박 걷는 발소리가 내 등을 걷어차는 것 같았다. 내가 멈춰 서지 않자 나를 부르는 가영의 목소리에 울음이 섞였다. 조금 고소했다. 흘깃 뒤를 돌아봤다. 가영이 멈춰 선 채 손등으로 눈가를 닦고 있었다. 멈추지 않고 자전거 페달을 힘껏 밟았다. 가영이 점이 되어 멀어졌다. 생각 같아서는 속이 시원할 것 같았는데 가영과 멀어질수록 마음은 무겁게 내려앉았다. 덥지도 않은데 얼굴에서 열이 났다.

이후 내 자전거에 가영을 한 번도 태우지 않았다. 수양 할아버지가 가영의 등하교를 모두 함께했고, 나는 수양 할아버지와 마주쳐도 고개만 까딱 숙일 뿐 자리를 피해버렸다. 가영은 겨울방학 전에 제 아버지가 데리러 와 다시 서울로 갔다. 내 아버지는 슬금슬금 집에 드나들었다. 아버지는 한 번도 나를 학교에 데려다주거나 데리러 오지 않았다. 나 역시 바라지 않았다.

그 무렵 내가 느낀 감정이 질투였음을 인정한 것은 어른이 되어서였다. 나는 유치하고 속 좁은 언니였다. 가영은 나를 그렇게 기억할 것이다.

풀벌레 떼 사이로 은퇴한 줄 알았던 옛 스타가 마지막 힘을 끌어내 앙코르 곡을 불렀다. 그 노래는 여름의 찬가로 시작해 아버지의 술주정처럼 느닷없이 끝났다. 나는 마지막 매미 소리를 들으며 부식된 감정의 조각을 여름이 지나가는 창밖을 향해 힘껏 던졌다.

여전히 비겁했다

윤이는 뭐든지 나보다 빨랐다. 초등학교 5학년 때 이미 여자가 되어 있었고, 이성에 눈을 떠 좋아하는 남자애가 수시로 바뀌었다. 나는 윤이의 짝사랑 고백을 이해하지 못했다. 윤이와는 하굣길이 일부 겹쳐 같이 걷는 일이 자주 있었다. 그때마다 그 애는 연예인 이야기나 텔레비전 오락 프로그램 내용을 쉬지 않고 떠들어댔다. 반면 나는 그런 것에 전혀 관심이 없었다. 내가 지루해하며 발길을 서두르면 그 애는 유행가를 소심하게 부르며 춤동작을 흉내 냈다. 내가 그깟 거 연습해 뭐에다 쓰려 하냐고 한심한 듯 물으면, 윤이는 좋아하는 애에게 보여줄 거라며 얼굴을 붉혔다.

"공부도 못하는데 이런 거라도 뽐내야 나를 봐주지 않겠어?"

나는 유치하다고 생각했지만 내버려두었다. 춤 연습을 하느라 뒤처지는 윤이를 신경 쓰지 않고 앞만 보고 타박타박 걸어갔다.

학교에서 집까지 걸어가려면 산비탈을 한참 걸어 내려가야 했다. 공장 지대가 나오기 전까지는 지나다니는 차가 거의 없었다. 윤이는 도로 위에서 춤을 추다 내가 저만치 앞서 걸어가면 기다리라며 소리치고 달려와 숨을 쌕쌕 내쉬며 내 옆에서 걸음을 맞췄다. 그러다 다시 두 팔을 흔들고 어깨를 비틀며 춤을 췄다. 나는 다시 멀어지고 윤이는 또 기다려달라 소리치며 달려왔다. 그때 나는 한 번도 윤이의 춤을 제대로 봐주지 않고 내 갈 길만 갔다. 그렇게 언덕 두 개를 넘어서면 윤이네 동네가 나왔고 우리 집은 하천 제방 길을 한참 더 걸어가야 했다.

윤이는 내 허락도 받지 않고 제 가방을 집에 던져놓곤 나를 따라왔다. 집에 들어가고 싶지 않은 윤이의 마음이 이해되었다. 윤이의 가정사를 알고 있었기 때문이다. 그 애가 세 살 때 엄마가 집을 나갔다. 윤이는 할머니 손에서 자랐다. 아버지는 성실한 사람 같았다.

두 번 정도 윤이의 집에 놀러 간 적이 있었다. 부유하지는 않지만 모자란 살림살이도 아닌 듯싶었다. 거실 마루는 어찌나 반들반들 윤이 나는지, 미끄러울 정도였다. 살림을 도맡은 할머니가 어떤 성격인지 알 수 있었다. 음료를 내어준 그 애 할머니가 방문을 닫고 다니면서 손녀딸에게 거실에서만 놀아야 한다고 주의를 주었다.

그건 내게 하는 경고였다. 나는 그 행동이 불쾌해 핑계를 대고 일어섰다. 부엌에서 싱크대를 닦고 있던 할머니에게 인사하고 현관으로 나갔다. 할머니는 고무장갑을 벗어놓고 청소기로 거실을 밀었다. 윤이는 제 할머니의 행동을 변명하듯 누가 집에 오든 저 모양이라고 흉을 봤다. 나는 그날 이후로 윤이네 집에 놀러 가지 않았다. 마음이 상했지만 윤이에게 따지지는 않았다. 우리 집에서도 윤이를 반기지 않는 건 매한가지였다.

엄마는 친구라고 데려오는 게 검은 장아찌처럼 새카맣고 못났다고 나를 타박했다. 나는 내 친구를 그리 평가절하하는 게 불쾌했다. 어디서 들었는지 윤이네 가정사도 엄마가 윤이를 못마땅해하는 이유 중 하나였다. 엄마는 툭하면 내 친구들을 언니의 친구들과 비교하며 깎아내렸다. 나는 그런 엄마와 몇 번 소리를 지르며 싸웠다. 엄마의 차별은 나날이 심해졌다. 여름방학이 되자 언니의 친구들이 놀러 왔다. 엄마는 옥수수를 쪄주고, 아직 여물지도 않아 겨우 엄지손가락만 하게 자란 고구마를 캐다 간식으로 내어줬다. 저녁으로 삼겹살을 구워 먹이고 자고 가라 붙잡았다. 반면 내 친구들이 놀러 오면 라면을 끓여 한 대접씩 퍼주고 인심 쓰듯 참기름을 한 방울씩 떨어뜨려주는 게 전부였다. 그러고는 바쁜데 사람 좀 집에 끌어들이지 말라며 나를 통박했다. 나는 친구들 앞에서 민망하고 망신스러워 엄마에게 눈을 흘기며 대들었다.

중학교에 입학해서는 윤이와 자연스럽게 멀어졌다. 윤이네 가정은 읍내로 이사를 갔다. 학급도 다르게 배정받았기 때문에 윤이와 마주칠 일이 거의 없었다. 그러나 윤이의 소식은 소녀들의 입을 옮겨 다니며 내 귀에까지 들어왔다. 왕따, 등교 거부, 폭행, 히치하이크, 성매매. 나는 윤이가 그렇게까지 망가졌을 거라 생각지 않았다. 단지 악의적으로 와전된 소문이라 믿고 싶었다. 하지만 내 일은 아니었기에 금세 잊어버렸다.

윤이가 나를 찾아온 것은 진파랑의 하늘이 세상을 뒤덮은 가을날이었다. 나는 하교 후 중학교 근처 국립 도서관에 들러 책을 빌렸다. 버스 시간이 많이 남았기 때문에 도서관 정원 의자에 앉아 멍하니 하늘을 바라보고 있었다. 높디높은 하늘 위로 헬리콥터가 줄지어 날아갔다. 갑자기 눈과 가슴이 시큰거렸다. 얼음 조각이 몸에 파고든 기분이었다. 나는 사춘기를 호되게 겪고 있었다.

윤이가 사복 차림에 고약한 향수 냄새를 풍기며 내 옆에 털썩 앉았다. 그 애가 내 어깨를 툭 치며 잘 살고 있냐고 물었다. 목소리도, 표정도, 다리를 꼬고 앉는 자세도 어른스러웠다. 나는 뜻밖의 만남이라 윤이를 위아래로 살펴보다 뒤늦게 "오랜만이네." 하고 인사를 건넸다. 우리는 한동안 말없이 허공을 올려다봤다. 조경수로 심어놓은 단풍나무가 핏빛으로 물든 이파리를 한숨처럼 떨구었다. 나는 어색해서 손목시계를 보며 버스 시간이 얼마나 남았나 확인했다.

"너 아프다며?"

윤이가 물었다. 나도 모르게 공격적인 언사가 튀어나왔다.

"학교도 안 다니면서 소문 빠르다. 근데 너랑 뭔 상관인데?"

내가 횡하니 일어나 버스 터미널 방향으로 걸어갔다. 윤이는 말없이 나를 따라왔다. 이젠 유행가도 어설픈 연예인 흉내도 없이, 그 애는 나와 속도를 맞춰 걸었다. 그러고는 버스 터미널 건물 앞에서 작별 인사도 없이 제 갈 길로 가버렸다.

며칠 후 다시 교문 앞에서 윤이를 만났다. 역시 사복 차림이었고 향수 냄새가 지독했다. 나는 눈으로만 인사하고 지나치려 했는데, 윤이가 나를 불러 세우며 같이 가자고 말했다. 나는 교문 앞을 두리번거렸다. 다른 학생들은 아직 자율학습이 끝나지 않아 교실에 잡혀 있을 것이었다. 나는 야맹증이 심해져 자율학습을 빼고 먼저 하교했다. 윤이와 어울리는 모습은 눈에 띄어 좋을 게 없다는 판단에서였다. 하지만 윤이를 떼어버릴 마땅한 핑계가 없었다. 무엇보다 나는 외롭고 쓸쓸했다. 평범한 세상에서 벗어난 이단아가 된 것은 나도 윤이도 마찬가지라는 생각에 동질감이 들었다.

나는 바닥만 쳐다보며 버스 터미널을 향해 걸어갔다. 한 걸음 떨어져 걷던 윤이가 갑자기 돈가스를 사주겠다며 내 교복 재킷을 붙잡았다. 나는 걸음을 멈추고, 해가 지면 길이 보이지 않아 서둘러 집에 가야 한다며 거절했다.

"돈가스 먹자. 집엔 내가 데려다줄게."

윤이는 내 대답도 듣지 않고 나를 읍내에 하나뿐인 경양식 가게로 끌고 갔다. 나는 못 이기는 척 따라가 돈가스를 얻어먹고 윤이의 팔을 잡고 어두워진 길을 걸었다. 윤이는 약속대로 시내버스를 타고 나를 집까지 데려다줬다. 집 앞에서 윤이는 내가 자기를 집에 데리고 들어가주길 바랐다. 나는 그 애 마음을 알면서도, 문 앞에서 잘 가라 인사하고 혼자 집 안으로 들어와 버렸다.

윤이는 몇 주간 나를 찾아오지 않았다. 나는 학교 정문 대신 후문을 이용해 버스 터미널로 걸었다. 혹시 윤이가 찾아올까 봐서였다. 윤이는 내 속을 들여다보기라도 했는지 버스 터미널로 향하는 골목에서 나를 기다렸다. 나는 그 애가 갑자기 튀어나오는 바람에 깜짝 놀랐다. 오늘은 향수 냄새 대신 담배 냄새가 진하게 풍겼다. 골목에서 무엇을 하다 나왔는지 묻지 않아도 알 수 있었다. 나는 윤이를 마주하자 뜨끔했다. 나도 모르게 호주머니를 뒤져 풍선껌을 꺼내 내밀었다. 윤이는 껌을 받아 포장지를 까서 입에 넣었다. 당연히 껌 포장지는 길바닥에 내버렸다. 한 시간에 한 대꼴인 버스 시간은 아직 30분 넘게 남아 있었다. 우리는 읍사무소 식수대까지 걸어가 손을 닦고 물을 마셨다. 그러고는 별말 없이 주변을 어슬렁대다가 시간 맞춰 버스 터미널로 걸어갔다. 윤이는 내가 시내버스에 오르는 모습을 보고 돌아갔다.

그날부터 윤이는 그 골목에서 나를 기다렸다. 나는 멀리서 새어 나오는 흰 담배 연기를 보고 윤이가 그곳에서 나를 기다리고 있음을 알았다. 우리는 버스 터미널 슈퍼에서 싸구려 햄버거를 사서 낡은 나무 의자에 앉아 먹었다. 내가 계산할 때도, 윤이가 돈을 낼 때도 있었다. 가끔은 무슨 생각인지 윤이가 내가 탄 버스를 함께 타고 우리 집까지 따라왔다. 나는 한 번도 윤이에게 집에 들어왔다 가라고 잡지 않았다.

시력의 상실은 나날이 계속됐다. 이제는 맨 앞자리에 앉아도 칠판 글씨가 전혀 보이지 않았다. 내 사정을 아는 애들이 자기 필기 노트를 보여주었다. 나는 쉬는 시간마다 모든 수업의 필기 노트를 내 공책에 베껴 썼다. 성적은 계속 떨어졌다. 모든 게 의미 없다는 생각이 들었다. 더 이상 필기 노트를 빌리지 않았다. 교과서도 예의상 펼쳐놓을 뿐, 머릿속으로 다른 생각에 빠졌다. 나를 버티게 하는 것은 머릿속 공상이었다. 필기하는 척 노트에 생각나는 대로 적었다. 세계를 저주하는 내용일 때도 있었고, 비련의 주인공을 앞세운 유치한 소설일 때도 있었다. 그것들은 모두 결말 없이 쓰다 만 채로 끝나버리는 게 대다수였다. 나는 쉬는 시간이 되었는지도 모르고 쓰고 있던 글을 계속 써갔다. 그때 친하지도 않던 다른 반 애가 교실 문 앞에 서서 내 이름을 불렀다. 그 반 담임이 나를 호출했다는 것이었다. 나는 영문도 모르고 교무실로 향했다. 나를 호출한 선생은 윤리 과목 교사였다. 그는 자리에 앉은 채로 나를 위아래로 훑어보며 내 모범도를 판정했다.

"너 윤이랑 어울린다며?"

나는 윤이의 이름이 언급되자 당황스러웠다.

"걔한테 전해. 출석 일수 부족으로 자퇴 처리됐다고. 그리고 너! 얌전하게 생겨서는 그런 애랑 어울리면 물들어서 못써. 알았어? 가봐."

나는 조련된 짐승처럼 아무 생각 없이 그에게 고개를 꾸벅 숙이고 돌아섰다. 교무실을 나서는데 저딴 인간에게 고개를 숙였던 내 비겁함에 얼굴이 화끈댔다. 교실로 들어서 정신 없이 책상 위 물건들을 가방에 쑤셔 넣듯 해 그대로 둘러메고 교실을 나섰다. 버스 터미널에 도착해 윤이와 앉았던 나무 의자에 앉아 가을 하늘을 오랫동안 올려다봤다. 시외버스들은 연신 사람을 뱉었다 삼키기를 반복하며 정해진 목적지로 떠나갔다. 나도 아주 먼 곳으로 떠나고 싶었다. 하지만 내가 갈 수 있는 곳은 학교와 집뿐이었다. 그곳만이 내 세상의 전부였다.

버스 터미널 화장실에서 윤을 마주친 것은 우연이었다. 윤이는 급한지 내게 대강 손 인사만 하고 밖으로 뛰어나갔다. 나는 그런 윤이를 뒤따라갔다. 이유는 없었다. 그 애는 휴대전화로 누군가와 계속 통화를 했다. 급한 듯 종종대며 인도를 지나 공중전화 부스 앞에 서서 도로 방향을 계속 살폈다. 그때 회색 승용차가 깜빡이를 켜고 갓길로 다가왔다. 윤이는 앞 좌석 문을 열고 재빠르게 차에 올라탔다. 나는 본능적으로 윤이가 돈벌이에 나섰음을 알았다. 버스 터미널 공중전화 부스가 원조교제를 하는 애들의 집합 장소라는 것을 소문으로 들어 알고 있었기 때문이다. 나는 다시 버스 터미널로 들어와 나무 의자에 앉아 집으로 향하는 시내버스를 기다렸다. 이상하게 윤이를 이해하고 싶어졌다.

다음 날 나는 항상 다니던 길로 버스 터미널에 갔다. 멀리 골목에서 새어 나오는 연기가 보였다. 건조한 가을바람이 윤이의 향수 냄새를 내게 일러바쳤다. 나는 순간 걸음을 멈추고 소리 없이 돌아섰다. 어제까지 윤이를 이해하고 싶었는데, 지금은 그 애를 보고 싶지 않았다. 우리가 함께 어울린다는 것을 누군가 알게 하고 싶지 않았다. 나는 다른 골목으로 몸을 감추고 터미널이 아닌 간이 버스 정류장을 향해 걸었다. 다음 날도 윤이는 그 골목에서 나를 기다렸다. 나는 그 사실을 알면서 다시 도망쳤다. 윤이는 눈치 없게도 내가 자기를 피하고 있다는 사실을 알지 못했다.

며칠간 나와 재회하지 못하자 윤이는 나를 만나기 위해 학교 후문 앞을 지키고 서 있었다. 그러고는 반가운 표정으로 나를 향해 한 손을 번쩍 들어 보였다. 순간 나는 학교 안으로 정신없이 달려 되돌아갔다. 윤이의 시선에서 벗어나고 싶었다. 그 애와 어울린다면 내가 쓰레기이고 오물 같아질 것만 같았다. 나는 윤이에게 실패자라는 동질감을 느꼈다. 우리의 미래는 똑같이 망가져 버렸다고 생각했다. 그런데 윤이가 회색 자동차에 올라타는 순간 나는 우리가 다름을 알았다. 나는 현실에 순응하고 싶지 않았다. 윤이처럼 인생을 포기하고 싶지 않았다.

이후 나는 장애인 학교에 입학했다. 윤이의 소식은 들을 수 없었고 들리지도 않았다. 나는 그렇게 윤이를 잊고 살았다.

과거에서 윤이를 끄집어낸 사람은 엄마였다. 나는 고등학교를 졸업한 후 취업했지만 몇 개월을 버티지 못했다. 집에 돌아와 몇 달을 빈둥댔다. 엄마는 방에서 꼼짝하지 않는 내가 보기 싫었는지, 용돈을 줄 테니 고향 친구들이라도 만나러 나가라고 등을 떠밀었다. 중학교 친구들은 타지의 대학에 진학해 모두 고향을 떠났음을 엄마는 몰랐다. 내가 자격지심에 그 애들을 피하고 있다는 사실 또한 알지 못했다.

어느 가을밤, 엄마는 내 방 앞 대청마루에 앉아 비들비들 마른 동부 콩깍지를 까며 옛 친구의 이름을 댔다.

"걔가 윤이였지? 초등학생 때 네가 우리 집에 몇 번 데려왔었잖아. 쪼그마해서 입 툭 튀어나왔던 애. 중학생 때는 노랑 대가리 해가지고 날라리 됐잖아. 읍내에서 나이 든 놈들이랑 붙어 다니는 거 내가 여러 번 봤어. 너 장애인 학교 가고서 집으로 전화 두 번 왔었는데 내가 연락하지 말라고 딱 잘랐어. 그런 것들이랑 어울리면 못써. 너도 나쁜 물 들어."

순간 엄마의 말에 화가 났다. 마침 발에 걸린 휴대전화를 힘껏 걷어찼다. 장지문을 열고 엄마에게 쏘아붙였다.

"엄마가 말하는 그런 것들이 뭔데? 적어도 윤이는 나를 만나러 왔었어. 눈 병신 된 친구라도 어울려줬다고. 알지도 못하면서 함부로 말하지 마."

장지문을 부서져라 세게 닫았다. 애먼 엄마에게 화풀이하고 있다는 걸 알고 있었다. 고개를 숙여 얼얼한 발끝을 내려다봤다. 동강 난 휴대전화가 내 처지 같았다. 죄책감이 밀려들며 윤이의 모습이 눈에 밟혔다. 자신을 보자마자 뒤돌아서 도망치던 내 등을 바라보고 서 있었을 윤이. 나는 여전히 비겁했다.

수박은 눈물 맛

붉은 속살을 한입 크게 베어 물자 달콤한 과육이 입속에서 뭉그러진다. 수박에서는 여름의 맛이 난다. 주르륵, 과즙이 손가락을 타고 흐른다. 사각 베어 문 여름이 단물이 되어 목을 타고 내려간다. 나는 과일 중에서 수박을 가장 좋아한다. 수박을 먹을 적마다 무더웠던 여름의 아련하고 달콤한 기억들이 깨어난다.

내가 초등학생이었을 때 엄마는 무슨 자신감에서였는지 빚을 잔뜩 지고 밭을 한 뙈기 샀다. 그러고는 돈은 되지만 손이 많이 가는 고추와 담배를 심었다. 두 작물의 수확 시기는 한여름이었다. 땡볕이든 장맛비 내리는 날이든 간에 쉴 새 없이 고추를 따고 담뱃잎을 꺾어야 했다. 수고한 만큼 소득은 높아졌다. 억척을 부리던 엄마가 결국 허리에 병이 났다. 엄마는 아직 요양 중이었지만 밭을 놀릴 수는 없었나 보다. 이듬해 밭에는 수박을 심었다. 그나마 수박은 손이 덜 가는 작물이라 해서 모종을 사다 심었다.

넝쿨 속에 숨어 살이 오르기 시작한 과실은 비가 한 번 내리고 나면 몸집을 부쩍 늘렸다. 나는 숨바꼭질하듯 잎을 들추어 수박 덩이를 찾았다. 엄마가 넝쿨을 밟지 말라고 주의를 줬지만, 천둥벌거숭이였던 나는 수박 밭을 마구 짓밟으며 뛰어다녔다. 수박이 익어갈수록 엄마는 초조해했다. 판로를 찾을 수 없었기 때문이다. 고민 끝에 영업 트럭을 하루 빌려 수확한 수박을 가득 싣고 서울의 경매시장으로 갔다. 결과는 참혹했다.

헐값에 수박을 넘기고 온 엄마가 아픈 몸을 이끌고 농작물 직판장을 찾아다녔다. 그 와중에도 수박은 계속 익어갔다. 자연의 생육은 인간이 막을 수 없는 결과였다. 급기야 엄마는 국도 변에 천막을 치고 수박 노점을 차렸다. 이 또한 참패였다. 엄마는 재고가 된 수박을 이웃들에게 나눠 줬다. 우리 동네, 아랫동네 할 것 없이 우리 밭에서 난 수박으로 여름내 달콤한 잔치가 벌어졌다. 엄마의 시름과는 상관없이 나는 매일 수박을 먹을 수 있어서 좋았다.

판로를 찾지 못한 엄마는 결국 농사일에서 손을 놓아버렸다. 수확 시기를 놓친 수박은 밭에서 푹푹 썩어갔다. 그 모양을 바라보는 엄마의 속도 문드러졌다. 해 질 무렵이면 동네 곳곳으로 수박 썩는 냄새가 퍼졌다. 마을 사람들은 수박을 얻어먹을 적에는 덕분에 포식한다, 맛있다 칭송하더니 돌연 수박 밭을 빨리 어찌 해보라고 아우성이었다. 엄마는 일꾼을 불러 수박 밭을 모두 갈아엎었다. 이래저래 농사지어서 남은 것은 빚이었다. 우리 밭은 금산 사람에게 인삼 밭으로 도지(賭地)를 주었다. 빚은 갚을 새 없이 내 어깨보다 빨리 자라났다.

열여덟 살 때부터 나는 아르바이트로 안마 일을 했다. 당시 일하던 마사지 숍은 새로 오픈한 온천 스파에 있었다. 대중탕은 물론 수영장과 헬스 시설까지 갖춘 커다란 규모였다. 마사지 숍은 2층에 있었고 같은 층에 남녀 공용 편의 시설들이 입점해 있었다. 나는 주말 오후에 출근해 새벽 세 시까지 근무했다. 일한 만큼 아르바이트비를 받은 터라, 손님이 많은 주말에는 꽤 짭짤하게 소득을 올릴 수 있었다.

함께 일하는 사람들은 모두 나보다 스무 살 정도 많았다. 동료들끼리 분위기는 화목한 편이었다. 사장님은 내게 여름방학 내내 휴가를 간 안마사들 대신 근무를 해달라고 부탁했다. 나는 흔쾌히 그러겠다고 대답했다. 돈을 많이 벌고 싶었다. 땅을 살 때 진 빚을 조금이라도 갚아주고 싶었다. 매일 아르바이트비를 받으면 근처 은행에 가서 저축했다. 엄마는 내 속도 모르고 계집애가 바람이 났나, 방학인데 왜 고향집에 내려오지 않느냐고 야단이었다. 나는 목돈을 모아 건네며 엄마를 깜짝 놀래키고 싶었다.

짧은 기간에 자주 오는 단골 손님도 생겼다. 고급 한식집을 운영하는 아주머니였는데 어린애가 일찍 철들었다면서 음식을 포장해서 주기도 하고, 안마를 받고 나면 아이스크림 값이라며 팁을 쥐여주기도 했다. 일은 고됐지만 하루하루 뿌듯했다. 다른 상가의 상인 아주머니들과 친분이 생겼다. 스낵 코너에서 식혜를 얻어먹고 어깨를 좀 주물러 드렸다. 그게 소문났는지 내가 혼자 마사지 숍을 지키고 있으면 아주머니들이 먹을거리를 사 와서 팔이나 다리를 좀 만져달라고 부탁했다. 나는 꼭 먹을 것을 받아서가 아니라 나이든 아주머니들이 고생하신다는 생각에 열심히 몸을 풀어드렸다. 이런 내 행동을 사장님은 탐탁지 않아 했다. 청소하는 아주머니들은 수시로 마사지 숍을 들여다봤다. 혹시 내가 놀고 있진 않은지 확인하는 것이었다. 나는 고된 노동을 하는 그들이 안쓰러웠다.

그날은 여름휴가를 갔던 사장님이 복귀한 날이었다. 주인이 가게를 지키고 있자 문턱이 닳도록 드나들던 미화원 아주머니들이 눈치만 살피고 들어오지 못했다. 나는 양치질을 하러 화장실로 향했다. 양치질을 하며 변기 칸에 들어갔다. 곧이어 한 무리의 사람들이 화장실로 몰려 들어왔다. 익숙한 목소리들이었다. 내게 몇 번이나 공짜 안마를 받았던 이모 같고 엄마 같은 이들이었다.

"늙은 장님이 딱 지키고 있으니까 어린 장님한테 주물러달라고 말을 못 하겠네. 좋은 날 다 끝나버렸어."

사장님은 장애인 학교 선배로, 전맹이었다.

"그런데 어린 장님도 나중에는 완전히 눈이 멀려나? 사람을 잘 못 알아보는 거 같은데 손님인 척 누워 있다가 안마받고 도망쳐도 못 잡을 거 아니야. 그래볼까?"

난 입에 거품을 가득 문 채로 굳어버렸다.

"얼마나 보이나 슬쩍 물어봐야지."

그들의 조롱이 한동안 계속됐다. 분노로 열이 오르고 폭발할 것 같았다. 마음 같아서는 뛰어나가 악다구니하고 싶었는데 다리가 꼼짝하지 않았다. 삼류 드라마의 한 장면 같은 일을 내가 당했다는 사실이 믿기지 않았다. 얼굴의 열이 차차 식으면서 허탈한 체념이 가슴속에 들어찼다. 나는 밖이 조용해질 때까지 기다렸다. 소란이 잠잠해지자 물고 있던 거품을 변기 속에 뱉고 레버를 내렸다. 그러고 밖으로 나와 세면대로 향했다. 세면대 앞에는 미화원 아주머니 한 명이 아직 남아 있었다. 그녀는 나를 보고 소스라치게 놀랐다. 내게 무어라 이야기했지만 귀에 들리지 않았다.

나는 입을 헹구고 밖으로 나왔다. 내지르지 못한 울분이 가슴속에서 넘칠 듯 찰랑댔다. 나는 사장님에게 방금 일을 일렀다. 사장님은 그렇게 왜 공짜 안마를 해줬냐며 나무랐다. 되레 나를 야단치는 사장님도 미웠다. 구석에 틀어박혀 분한 마음에 시근대고 있을 때, 내 단골인 한식집 아주머니가 커다란 수박 한 통을 들고 왔다.

어두운 표정으로 내가 고개를 꾸벅 숙이자 그녀가 연유를 물었다. 내가 입을 열기도 전에 사장님이 나서서 내게 들은 이야기를 전했다.

"여사님, 우리 막내 수박 한 쪽 크게 잘라서 줘요. 속상한 거 몽땅 내려가버리게."

사장님이 나만큼이나 속상해하고 있단 사실을 그제야 알았다. 나는 아주머니가 잘라준 수박을 한입 베어 물었다. 달고 시원했다. 가까스로 참고 있던 눈물이 수박 위로 뚝뚝 떨어졌다. 계속 수박을 베어 먹었다. 수박에선 짭짤한 인생의 맛이 났다.

나프탈렌 냄새가 밴 지폐 한 장

그는 서울 태생의 남자로 올해 89세가 되었다. 아내와는 13년 전 사별하였으며 슬하에 아들 두 명을 두었다. 현재는 고시원에 홀로 거주하고 아침식사 대신 샷을 추가한 카페라테를 마시며 하루를 시작한다.

묻지도 않았는데 그는 자기 신상을 줄줄 읊어댔다. 어르신은 나라에서 지원하는 안마 바우처 이용자였다. 안마 바우처는 저소득 노인이 국가가 지정한 마사지 숍에서 안마를 받으면 전체 비용의 90퍼센트를 자치단체에서 지원하는 노인 요양 서비스다. 한 달에 네 번, 10개월 동안 이용할 수 있다.

그에게서 코를 찌를 듯 강한 나프탈렌 냄새가 났다. 단벌 신사라는 말은 그에게 꼭 어울리는 말이었다. 그는 항상 빛바랜 중절모를 쓰고 낡아빠진 회색 양복만 입고 다녔다. 어르신이 처음 마사지숍에 방문한 때가 1월이었는데, 그 차림에 방한이라곤 되지 않을 것 같은 얇은 갈색 코트만 걸친 채였다. 그는 깡마른 몸을 벌벌 떨며 뜨거운 블랙커피를 연거푸 두 잔 얻어 마시고서야 몸이 좀 녹는다며 계약 서류를 쓰고 환복했다. 원래 노인을 담당하기로 한 안마사가 따로 있었으나 전날 과음으로 인한 숙취로 결근했다. 그 때문에 내가 강제로 배정되어 노인의 시술을 맡게 되었다.

그는 안마받는 것에는 관심 없는 사람이었다. 내가 그의 수다에 호응해주자 청년 시절부터의 무용담이 쏟아지기 시작했다. 뼈에 가죽만 겨우 붙은 팔에 힘을 주며, 자신이 젊어서는 힘으로 한가락 하던 사내였다고 으스댔다. 게다가 은퇴 전에는 무역 회사를 운영했었는데 일본과 싱가포르가 자기의 주무대였노라고 뺑뺑댔다. 반쯤 허풍이겠거니 생각하면서도 입으로는 놀란 척 감탄사를 내뱉었다. 그는 신이 났는지 목소리 톤이 높아졌고 쉿소리 섞였던 목청이 청년처럼 쩌렁쩌렁해졌다. 나는 다른 손님을 위해 커튼만 쳐놓았던 시술실 문을 슬며시 닫았다.

"집사람 말을 잘 들었어야 했는데. 난 집사람 말을 새겨듣지 않아 이 꼴이 되었다오."

그는 자기 아내가 얼마나 현명했는지, 내조를 어찌나 잘했는지 자랑했다. 그리고 그녀의 말을 듣지 않아 자기 인생이 망해버렸다고 후회했다.

"사업을 그만 정리하자 했을 때 정리했어야 했는데. 딸 하나만 더 낳자 할 때 말을 들을걸. 자기 죽고 나면 절대 아들들에게 재산을 일찍 물려주지 말라 당부했는데 그 말을 나는 또 듣지 않았다네."

그는 아들들에게 재산을 몽땅 털리고 절연당한 상황이라고 했다. 작은 고시원에 살며 매일 허기처럼 밀려오는 외로움과 사투를 벌인다고 했다. 그런데 매주 나를 보러 올 수 있으니 인생에 즐거움이 생겼다며 소년처럼 웃었다. 그날부터 노인과의 인연이 시작됐다. 그는 내게 안마를 받을 때마다 딸을 낳을 걸 그랬다는 소리를 해댔다. 안마 시간이 종료되었다고 하면 벌떡 일어나 주머니를 뒤적거려 만 원짜리 지폐 한 장을 꺼내 내 손에 쥐여주었다. 나는 거절했다. 노인은 생활보호 대상자였다. 나라에서 겨우 얼마 탄 지원금으로 생계를 유지한다는 사실을 알고 있었다. 하지만 그는 막무가내였다.

"점심 먹고 아메리카노 한잔하셔. 쪼금이야 쪼금. 어여 받아, 손부끄러우니까."

그의 성화에 못 이겨 구겨진 지폐를 받아 시술실을 나섰다. 스케줄이 맞지 않아 내가 그를 담당하지 못한 날, 노인은 무척이나 서운해하며 골이 나서 돌아갔다. 한여름에도 노인의 회색 양복 차림은 그대로였다. 시술 시작과 동시에 재생되는 레퍼토리는 카세트테이프를 튼 것처럼 반복됐다.

무더웠던 여름이 한풀 꺾인 8월의 어느 날, 매미는 마지막 발악이라도 하듯 목 놓아 울고 하늘은 먹구름을 몰고 다니며 비를 쏟을 듯 말 듯 애태우고 있었다. 그의 몸에 밴 나프탈렌 냄새는 그날따라 더 지독하게 느껴졌다. 속이 답답하더니 위장이 뒤집혔다. 입에 신물이 고였다. 나는 일그러지는 얼굴을 억지로 펴가며 노인의 과거 회상 이야기에 추임새를 넣었다. 수시로 손목시계를 살펴 시술 시간이 얼마나 남았나 확인했다.

"딸을 낳았어야 하는데."

그가 라디오 중간 광고처럼 중얼댔다.

"딸자식은 뭐 특별할 것 같아요? 부모한테 본 대로 배운 대로 하는 거 아니겠어요."

머릿속 생각이 그대로 튀어나와버렸다. 내가 들어도 날카롭고 공격적인 목소리였다. 나는 손등으로 미간을 문질러 짜증이 새겨진 이마를 반듯하게 폈다. 카세트는 일시 정지됐다. 숨을 고르고 다시 안마를 시작했다. 그러자 노인은 아무것도 못 들은 사람처럼 테이프를 돌렸다.

길고 긴 안마 시간이 종료되고 내가 얼른 커튼 밖으로 도망치려 하는데 노인이 어김없이 내 앞을 가로막았다. 그러고는 입고 온 바지 주머니를 뒤져 지갑을 찾았다. 그는 내게 커피 값이라며 지폐 한 장을 내밀었다. 나는 사양했다. 더욱이 오늘은 오만 원권이었다.

손사래 치는 나에게 노인이 억지로 돈을 쥐어주며 말했다. 곧 목돈 들어올 일이 있는데, 그땐 옷 한 벌 맞춰 입을 만큼의 돈을 주겠다고. 그 작업 때문에 몇 주 얼굴을 보러 올 수 없을 것 같다고. 나는 나프탈렌 냄새를 피하고 싶은 생각에 대강 잘 다녀오시라 인사치레하고 시술실을 벗어났다. 그게 그와의 마지막 만남이었다.

9월을 지나 10월이 되었음에도 노인은 안마를 받으러 오지 않았다. 처음에는 내게 허풍을 쳐놓은 게 민망해 다른 마사지 숍으로 옮겼을지도 모른다고 생각했다. 내 의견을 들은 접수 직원은 그럴 리 없다고 단언했다. 안마를 받으러 올 때 그가 얼마나 행복한 표정을 짓는지 몰라서 하는 소리라고 했다. 그 말을 듣고 마음이 서걱거렸다. 노인의 휴대전화로 전화를 걸어보았다. 신호음이 울렸지만 연결되진 않았다. 이틀 후 다시 전화를 걸었다. 역시 연결음만 들렸다. 나는 지갑에서 그가 마지막으로 준 오만 원권 지폐를 꺼냈다. 돈에 밴 나프탈렌 냄새가 내 지갑 안에도 가득 찼다.

한 달 후 노인의 전화번호는 결번이 되었다. 설마 했던 예상이 들어맞자 마음이 깊이 침전됐다. 나는 구겨진 지폐를 두 손으로 문질러 반듯하게 폈다. 그의 냄새가 조금씩 사라지는 중이었다. 그를 이대로 보내고 싶지 않았다. 마사지 숍의 모든 직원에게 커피를 한 잔씩 돌렸다. 동료들은 내게 잘 마시겠다고 인사를 했다. 이 커피는 내가 사는 게 아니라 그 노인이 내는 거라고 설명했다. 그러니 마음으로 노인에게 잘 마시겠다 인사해달라고 부탁했다. 손에 뱄던 나프탈렌 냄새가 천천히 사라져갔다. 나는 이런 방식으로 그를 추모했다.

추노

오전 아홉 시 정각. 불길한 예감에 등골을 쓸어내렸다. 출근한 안마사들이 모두 현관에 귀를 기울이다가 5분이 지났다. 내가 접수대로 나가 음악을 틀었다. 그사이 아홉 시 십 분이 됐다. 어제부터 휴가인 원장님에게 전화를 걸었다. 그는 전화를 받지 않았다. 내 입에서 시작된 긴 한숨이 지금의 상황을 대변했다. 접수 직원은 이미 출근해서 자리를 지키고 있어야 마땅했다. 그녀는 삼십 대 초반의 여성으로, 그저께 첫 출근을 한 새내기였다. 원래 접수 직원은 두 명이 교대로 근무하는데, 선임인 매니저가 갑작스러운 어머니의 병환으로 오늘과 내일 휴가를 썼다. 이대로 시간만 흘려보내서는 대책 없는 상태였다. 예약 손님들이 곧 들이닥칠 것이었다.

나는 동료들에게 일을 배분했다. 누구는 청소기를 밀고, 누구는 시술실 베드를 정리하라고 명령했다. 오늘 근무자들은 나를 비롯해 모두 전맹 직원이었다. 익숙하지 않은 일을 해야 하니 손이 느리고 실수가 생겼다. 이 와중에도 나는 나타나지 않는 접수 직원과 원장님에게 수시로 전화를 걸어댔다. 예약 상황을 알아내야 했기 때문이다.

부랴부랴 오픈 준비를 마치기가 무섭게 손님이 도착했다. 큰일이었다. 계산을 어떻게 받아야 할지 난감했다. 안마사들 중 그 누구도 카드기를 다룰 줄도, 현금영수증을 발행할 줄도 몰랐다. 금고는 잠겨 있었다. 손님에게 현금을 받으면 거슬러줄 잔돈이 필요했다. 나는 동료들을 다그쳐 잔돈을 내놓으라 했다. 십시일반 거둔 잔돈을 가지고 접수대로 나갔다. 손님께 기다리게 해서 죄송하다 사과하고 계산은 어찌 하실지 물었다. 그러자 손님이 이미 네이버페이로 결제했다고 말했다. 그러고 보니 일주일 전부터 마사지 숍에서 플랫폼 결제를 시작했다. 눈앞이 캄캄했다. 전화 예약이야 내가 어찌 감당한다 해도, 플랫폼 결제는 배워본 적 없는 생소한 분야였다.

정신을 차리고 손님부터 시술실로 안내했다. 가게 휴대전화를 찾아 보이스웨어를 켜고 플랫폼 결제 앱 사용법을 익혀볼 요량이었다. 그런데 아무리 더듬어도 접수대에 있어야 할 휴대전화가 없었다. 전화를 걸어보니 전원이 꺼진 상태였다. 다시 직원에게 전화를 걸었다. 연결음이 한 번 울리더니 끊어져버렸다. 번호를 차단한 것이다. 그녀의 무책임한 행동에 어처구니가 없었다.

손님이 한 팀 두 팀 몰려왔다. 접수대 앞이 꽉 찼다. 식은땀이 뒷머리를 타고 주르르 흘렀다. 숨 쉬는 일도 잊어버리고 일을 진행했다. 네이버페이로 계산한 손님부터 마사지 코스를 확인하고 시술실로 안내했다. 그다음은 현금결제 손님을 모셨다. 문제는 카드결제 손님이었다. 내가 상황을 설명하며 어쩔 줄 몰라 하자 손님이 자기가 알아서 카드를 긁고 서명을 했다. 내게 영수증을 뽑아주며 혹시 모르니 가지고 있으라고 다독여주기까지 했다. 상기된 얼굴로 연신 감사하다 고개를 숙이며 인사한 뒤 손님을 안내했다.

안마사들을 시술실로 들여보내고 의자에 주저앉아 한숨 돌렸다. 평소였다면 나도 시술실에서 마사지 시술을 하고 있을 것이었다. 그때, 잠깐의 평화도 허락할 수 없다는 듯 전화벨이 울려댔다. 심장이 마구 두근댔다. 예약 상황을 모르니 무턱대고 손님을 받을 수 없었다. 어머니를 간병하고 있을 매니저에게는 차마 전화로 지금의 상황을 알려 마음 불편하게 만들 수 없었다. 속으로 출근하지 않은 직원과 가게를 내팽개치고 휴가를 간 원장님을 번갈아 흉보고 욕했다. 전화벨은 끈질기게 울렸다. 하는 수 없이 전화를 받았다. 단골 커플 손님이 예약을 요청했다. 자포자기하는 심정으로 예약을 받았다. 수화기를 내려놓기만 기다렸는지 다시 전화벨이 울렸다. 동시에 우르르 손님들이 들이닥쳤다. 전화를 받으며 접수대 앞에 서 있는 손님들을 응대하느라 진땀을 뺐다. 고개를 수십 번 숙이며 죄송하다, 기다려달라고 사정했다. 시술실이 비기 무섭게 베드를 점검했다. 시트를 갈고 항균 스프레이를 뿌렸다. 손님이 벗어놓은 옷을 찾아 선반 위며 바구니를 더듬어댔다. 마음이 급하니 손이 더 더뎠다. 이리 뛰고 저리 뛰는 내 모습을 보다 못한 한 손님이 방 정리를 도왔다. 고맙고 민망해서 고개를 조아렸다.

안마사들은 내 눈치를 슬금슬금 보며 내 지시를 따랐다. 겨우 모든 손님을 안내하고 빨래 바구니에 가득 찬 빨랫감을 세탁기에 밀어 넣었다. 건조기에서 마른 세탁물을 꺼냈다. 선반에 수건과 시트를 정리하고 이마에 맺힌 땀을 손등으로 훑으며 물을 한잔 마시려 정수기로 다가갔다. 탁자에 내려놨던 컵을 찾다가 누군가 먹다 남긴 음료가 남아 있던 종이컵을 손으로 쳐서 쓰러뜨렸다. 끈적한 믹스커피가 탁자는 물론 바닥으로 흘러내렸다. 화가 나다 못해 마음이 참혹해졌다. 주저앉아 엉엉 소리 내 울고 싶었다. 뽑아 든 티슈로 탁자를 조심히 닦았다. 손님들이 쓰고 놓아두었던 종이컵들이 도미노처럼 쓰러지며 바닥으로 굴러떨어졌다.

접수대에서 전화벨이 울렸다. 나는 컵에 찬물을 받아 벌컥벌컥 마셨다. 머리 위에서 김이 날 것만 같았다. 소리 나지 않게 입 모양으로만 우악스러운 욕을 했다. 이렇게라도 표출해야 터지려는 분노를 통제할 수 있을 것만 같았다. 손으로 바닥을 더듬어 떨어진 종이컵을 주웠다. 동그란 종이컵들이 내 손끝에 닿자 데굴데굴 굴러다니며 나를 희롱했다. 전화벨은 숨넘어갈 듯 울려대더니 내가 눈길도 주지 않자 포기하고 끊어졌다. 걸레를 가져다 바닥을 닦았다. 정수기 위며 커피 머신 주변을 살살 더듬어 손님들이 무심코 올려둔 종이컵들을 찾아 치웠다. 다시 전화벨이 울렸다. 신경 쓰지 않고 현관 앞에 널브러진 실내화들을 신발장에 정리했다. 그 잠깐 사이 용광로처럼 들끓던 마음이 차분히 가라앉았다. 천천히 접수대로 다가가 수화기를 들었다. 상대는 오후 네 시 예약 손님인데 한 시간을 당겨 가도 되겠냐는 의사를 전해왔다. 나는 그러시라고 대답했다.

접수대 의자에 등을 기대고 앉아 눈을 감았다. 오늘 이 자리에 앉아야 했던 사람은 지금 무슨 생각을 하고 있을까 하는 엉뚱한 의문이 들었다. 피치 못할 사정이 생겼거나 사고가 났을지도 모른다는 생각은 전혀 들지 않았다.

"제가요? 왜요? 왜 그렇게까지 해야 해요?"

어제 매니저에게 일을 배우며 그녀가 했던 말이었다. 그녀는 오늘 매니저는 물론 원장님도 출근하지 않는다는 사실을 알았다. 매니저는 앞 못 보는 안마사 선생님들을 잘 부탁한다고 몇 번이고 부탁했다. 그녀는 탐탁지 않은 목소리로 억지 대답을 짜냈다. 그 태도를 보고 오늘 그녀가 이런 행동을 할지 모른다고 나는 예상했었다.

점자 단말기로 지금까지의 스케줄 처리 사항을 정리했다. 받아둔 현금과 카드명세표를 서류봉투에 담고 있을 때 현관문을 밀고 한 남자가 들어섰다. 나는 의자에서 일어나 손님에게 인사를 했다.

"어서 오세요. 예약하셨나요?"

남자는 신발을 실내화로 갈아신고 접수대 앞에 섰다. 예약은 하지 않았는데 지금 마사지를 받을 수 있는지 물었다. 당장 일할 수 있는 사람은 나뿐이었다. '접수대를 비우고 마사지 일을 해도 될까?' 하고 고민하다 '어떻게든 되겠지.' 하는 심정으로 가능하다고 대답했다. 남자는 현금결제를 하겠다고 했다. 주머니를 뒤져보니 거스름돈으로 내줄 잔돈이 부족했다. 상황을 설명하며 카드결제나 이체를 해주면 안 되겠냐고 물었다.

"무슨 장사를 이런 식으로 한답니까? 잔돈도 준비 안 되어 있고, 기본이 안 됐구먼."

남자가 퉁명스럽게 항의했다. 연신 고개를 숙이며 죄송하다고 조아렸다. 내 낮은 자세에 남자가 마음이 풀렸는지 툴툴대면서도 이체를 해주었다.

"여기는 보는 직원이 없습니까?"

내가 사정을 설명했다.

"으이구, 젊은 애가 추노했구먼. 돈 들어갔나 계좌 확인하세요. 세상에 나쁜 사람이 얼마나 많은지 압니까."

나는 그의 퉁명스러운 상냥함에 웃음이 났다. 사람에 대한 불신과 경멸로 가득 찼던 마음이 천천히 사그라지며 다시 힘을 내고 싶어졌다.

당신의 길을 따라 걷다

친목 모임에서 인사만 주고받았던 이에게서 전화가 걸려왔다. 그는 한참을 망설이다 내게 부탁의 말을 꺼냈다. 함께 안마 교육을 받는 동기 아가씨가 있는데, 실용 안마를 배우고 싶어 한다는 것이었다. 그는 나이 어린 아가씨의 열정이 기특해 내 도움을 청해본다고 했다. 정중한 말투 속에 긴장된 마음이 엿보였다. 나는 단번에 좋다고 허락했다. 보잘것없는 능력이나마 필요하면 내게 언제든 도움을 요청해도 된다고 말했다. 그는 자기 일도 아닌데도 매우 고마워하며 전화를 끊었다.

그렇게 약속을 잡고 예비 안마사가 마사지 숍을 방문했다. 그녀는 열의에 차 있었다. 기분 좋게 인사를 나누고 시술실 한 칸을 빌려 교육을 시작했다. 나는 한 시간이나 길어 봤자 두 시간 안쪽으로 시간을 내면 될 거라고 예상했다. 그래서 접수 직원에게 두 시간 동안은 예약을 받지 말고 일이 들어와도 밀리지 않게 다른 안마사들에게 배분하라고 일러주었다. 예비 안마사와 나는 적당히 서로의 신상을 나눴다. 그녀는 저시력으로 태어나 직장생활을 3~4년 하다 지인의 소개로 직업 학교에 입학했단다. 직업 학교는 2년 과정이었고 그녀는 올해 졸업반이었다. 내가 대강 파악하기에 기초 교육은 마쳤으니 지구력과 숙련도만 높이면 될 듯싶었다. 나는 손님에게 시술하듯 그녀를 눕히고 머리부터 발끝까지 안마를 해주었다. 간간이 응용 방법과 손님을 응대하는 자세도 일러주었다. 그녀는 무척 고마워하며 다른 선배들에게 부탁했다가 야박하게 거절당한 경험을 털어놓았다. 나 역시 사회 초년생 시절 그런 일이 있었기에 그녀의 부탁을 허락한 것이었다.

처음으로 출근한 마사지 숍에는 나보다 2~3년 먼저 취업한 선배가 여럿이었다. 나는 넉살 좋게 언니들의 어깨를 주물러주며 실용 기술을 알려달라고 졸라댔다. 그녀들은 싸늘히 내 손을 쳐냈다. 마사지 숍의 특성상 일한 만큼 일당이 정해지기에 그녀들에게 나는 그저 경쟁자였다. 나는 냉대와 설움을 견디며 결심했다. 내게 후배가 도움을 청하면 결코 거절하지 않으리라고. 친절하고 자상한 선배가 되겠다고 단단히 마음먹었다.

그녀에게 일러주고 싶은 것이 수도 없이 많았다. 한 시간 반이 눈 깜짝할 사이에 흘러갔다. 가르쳐주고 싶었던 모든 기술과 경험을 내 마음이 흡족할 정도로 쏟아놓았다. 마침 예약이 밀리는지 문 밖도 소란스러워졌다. 접수 직원이 아직 멀었냐며 슬쩍 눈치를 주고 갔다. 이 정도면 충분하다고 생각한 나는 이쯤에서 마무리하려 했다.

그러나 그녀는 그동안 궁금했던 것들을 질문하기 시작했다. 실습을 좀 더 하고 싶다는 말도 했다. 곤란했다. 수시로 시계를 보며 그만하자는 눈치를 은근히 주었으나 열의에 찬 학생은 끝을 몰랐다. 그렇게 한 시간을 더 붙잡혀 있었다. 보다 못한 접수 직원이 나를 호출하며 짜증을 냈다. 내 예약 손님이 20분 넘게 기다리고 있다며 볼멘소리를 했다. 결국 쉬고 있던 원장님을 모셔다 내 봉사 활동을 떠맡겼다. 대기하고 있던 손님에게 사과하고 시술을 시작했다. 일을 마치고 나오니 그녀는 이미 돌아간 뒤였다. 그녀에게선 감사하다는 메시지 한 통도 없었다. 괘씸한 마음이 들었다. 그러다 내 마음가짐을 반성했다. 애초에 내가 인사를 받으려고 그녀의 방문을 허락하고 도움을 주었던가. 그건 아니었다.

마사지 손님 중에 삶이 지루하고 무료하다고 호소하는 이들이 있다. 나는 그런 손님들에게 복지관에서 봉사라도 해보면 어떻겠냐고 조언하곤 했다. 나는 '봉사'라는 말을 그토록 가볍고 쉽게 꺼냈다. 시각장애인인 나는 타인의 배려와 도움을 비장애인보다 많이 받고 살아간다. 그러다 보니 타인의 봉사를 당연시하고 양보를 권리처럼 여겼던 것 같다. 재능 기부와 무상 봉사는 누군가의 희생이다. 희생은 당연한 것이 아니다. 내 뻔뻔한 마음을 한창 책망하고 있었다. 그때 은사님의 메시지가 왔다. 며칠 전 단편 소설을 습작해 은사님께 보냈다. 은사님의 메시지는 내 원고에 대한 피드백과 문장 강론에 대한 내용으로, 30분가량 되는 음성 녹음 파일 형태였다.

은사님과의 인연은 2년 전 어느 복지관의 산문 교실 수강으로 시작됐다. 나는 누군가 내 원고를 봐주고 피드백을 해준다는 것이 좋아서 원고만 쓰면 은사님에게 보냈다. 밤이고 낮이고 주말도 가리지 않고, 은사님의 사정은 생각지도 않고, 철없이 원고를 메일로 보냈다. 그러면 은사님은 내 메일을 읽고 오탈자를 바로잡고 어색한 문장을 체크해서 내게 원고 수정본을 보내주었다. 은사님의 메일은 자정을 넘긴 깊은 밤 시간이나 새벽 두 시를 넘어서 올 때도 있었다. 그녀는 내가 기다리고 있을까 봐 밤을 새워 내 원고를 수정해주었던 것이었다. 폐를 끼쳤다는 자각이 들자 번쩍 정신을 차렸다. 은사님에게 그동안 철없이 굴어 창피하다는 메시지를 보냈다. 그러자 은사님은 내게 이런 메시지를 보냈다.

"우리에게 아직 문턱이 남아 있니?"

처음이었다. 누군가를 이토록 존경한 적이. 나는 은사님의 응원으로 원고를 쓰기 시작해 첫 단행본을 출간했다. 그녀는 내게 글쓰기만 가르친 것이 아니었다. 그간 여러 출판사에 투고했다. 내 메일함에는 출간 방향이 맞지 않다는 거절 메일이 쌓여갔다. 나는 좌절했고, 포기하고 싶었다. 은사님은 내 마음을 어떻게 알아차렸는지 그럴 때마다 내 원고를 믿지 못하겠으면 은사님 자신의 눈을 믿으라고, 분명 내 원고를 알아봐주는 출판사가 나타날 거라고 용기를 불어넣어주셨다.

글쓰기 소재를 찾아 갈팡질팡할 때면 산문이나 소설을 낭독해 보내주셨다. 그것들은 내게 영감으로 다가와 나를 책상 앞에 끌어다 앉혔다. 내가 은사님께 보답하는 길은 진솔한 글을 써 보여드리는 것이다. 은사님이 걸어간 길을 낙오하지 않고 걸어가는 것이다.

며칠 후 내게 교육을 받고 갔던 예비 안마사가 연락을 해왔다. 다시 한번 실용 안마를 배우고 싶다는 요청이었다. 나는 단번에 시간을 빼놓겠다고 허락했다. 나는 이렇게 은사님의 길을 따라 걷는다.

3장
우리는 어떻게든 살고, 살아갈 것이다

당당히 어깨를 펴고 바르게 앉았다. 불쾌했지만 상처로 남기고
싶지는 않았다. 다만 나는 다짐했다.
'당신들이 말하는 "저런 사람들"의 이야기를 많이 써야지.
우리가 함께 살아가고 있다는 사실을 널리 알릴 거야.
그게 내가 정한 나의 사명이야.'

의문의 일 패

눈을 내리깔고 입꼬리를 최대한 끌어올리며 선량한 표정을 만든다. 내 책을 읽고 모인 독자들에게 최대한 예의 바르고 성실한 모습을 보이고 싶었다. 그게 나를 보기 위해 모인 분들께 보답하는 거라고 생각했다. 그런 내 의도는 거의 성공이었다. 그 질문을 받기 전까지는 말이다.

북토크는 훈훈한 분위기로 진행되었다. 사회자는 무려 내 첫 책을 내준 출판사 대표님이었다. 나는 이미지 관리를 하기 위해 더 많이 웃고 우스갯소리를 해댔다. 온 힘을 다해 명랑함을 짜냈다.

마지막 순서는 질의응답 시간이었고 어느 독자가 질문했다. 그녀는 장애 아이를 둔 어머니였다. 목소리에서부터 나를 향한 애정이 느껴졌다. 그녀가 자기 고민을 털어놨다. 성인이 된 아이를 결혼시켜 가정을 만들어주고 싶다는 것이었다. 대신 자식은 낳지 않았으면 좋겠다는 말을 덧붙였다. 그렇게 행복하게 사는 아이를 보는 게 자신의 바람이라 했다. 그 말을 듣자 부아가 치밀어 올라 얼굴이 일그러졌다. 장애 자녀가 집에서 키우는 강아지도 아니고 본인 보기 좋게 접붙여도 되는 화초냐고 쏴붙이려다 가까스로 혀를 붙잡아 세웠다. 머릿속으로 최대한 순화한 단어를 골랐다.

"자녀가 장애인이라는 이유로 부모가 삶을 마음대로 재단해도 된다고 생각하세요? 어머니 눈에 비참해 보여도 당사자는 행복할 수도 있잖아요. 어머니도 우리 엄마처럼 본인 죽을 때 같이 죽자고 하실 건가요? 그게 부모의 사랑인가요?"

비난히거나 공격적으로 말하고 싶지 않았는데 결국 사나운 말투가 튀어나와버렸다. 그녀는 무어라 항변하려다 그만뒀다. 내 말이 옳아서가 아니라 내게 져주고 싶어 그랬으리라. 장애아의 부모는 스스로 죄인이 되어야 하고 때론 고슴도치가 되어야 한다. 나는 부모가 되어본 적이 없기에 그 마음을 온전히 이해하지 못한다. 하지만 장애 당사자로서 한 가지만은 알고 있다. 부모의 보호가 사라져도 우리는 어떻게든 살고, 살아갈 것이라는 사실이다. 내 삶이 그 증명이다.

그녀에게 쏘아붙이듯 말하고 나서 곧바로 후회했다. 북토크를 다닐 적마다 장애 자녀가 있는 부모들을 만난다. 그들은 내 얼굴에서 자기 자식들을 찾아낸다. 나는 장애가 있다는 이유로 그들에게 과분한 애정을 얻는다. 그녀에게 공감해주지 못했다는 죄책감은 오랫동안 내 마음에 남아 있었다.

퇴근길에 장애인 콜택시에서 내리는데 길 건너 미용실 원장님이 소리치며 나를 불렀다. 평소 그녀는 지나가는 나를 살피다가 파마가 풀리거나 염색할 때가 다가오면 그 사실을 일러주곤 했다. 당시에 마침 나도 머리를 좀 자르고 싶다고 생각했었기에 미용실 방향으로 걸어갔다. 인도에 내린 뒤 찻길에서 스무 걸음만 옮기면 바로 미용실이었다. 가방에서 흰 지팡이를 꺼내는 것이 귀찮았다. 또 원장님이 길 건너에서 나를 보고 있으므로 위험하다고 생각지 않아 그쪽으로 향했다. 내 행동에 화들짝 놀란 원장님이 그 자리에 멈춰 서 있으라고 소리를 질러댔다. 길을 건너 내게 온 그녀가 내 등짝을 후려치며, 교통사고라도 나면 어쩌려고 흰 지팡이도 없이 돌아다니냐고 야단쳤다. 나는 골이 난 척 입을 쭉 내밀고 이 정도는 혼자 다닐 수 있다고 힘 빠진 반항을 했다.

원장님은 나에게 팔짱을 끼더니 나를 미용실로 데려갔다. 원장님은 좀 깍쟁이 같은 성격인데 내게는 무척 다정하고 친절했다. 두 번째로 미용실에 방문했던 날, 그 이유를 알았다. 그녀에게 딸 같은 조카가 있는데 발달장애인이었다. 지능은 7세 정도에 멈춰 있지만 예쁘고 늘씬해 비장애인들에게 구애를 받기도 한단다. 그녀는 내 머리를 만지는 내내 자기 조카 자랑을 해댔다. 조카를 향한 애정이 흘러넘칠 지경이었다. 나는 장애가 있다는 이유로 그녀에게 특별 대우를 받았다. 전화만 하면 그녀가 내 집 1층 현관까지 픽업을 와주었다. 아무리 손님이 밀려 있어도 나를 집 앞까지 데려다주었다. 그 밖에도 공짜로 영양 클리닉을 해주기도 하고 화장품을 선물해주기도 했다. 나는 그녀의 호의를 날름 받아 챙겼다. 가운을 입고 의자에 앉아 내가 원하는 헤어스타일을 설명했다.

"알았어. 원하는 대로 다 맞춰줄게. 배고프지 않아? 빵이라도 줄까? 씩씩하게 잘 사는 거 보면 기특해서 내가 다 좋다니까."

나는 단순한 손님이 아닌 그녀의 조카가 되었다.

가위질을 하던 그녀가 어김없이 조카 이야기를 꺼냈다. 요사이 미모가 더욱 물이 올랐단다. 그 때문에 부모가 전전긍긍한다는 것이다. 혹여 아이가 험한 일을 당하거나 추문에 휩싸일까 봐 혼자선 외출을 자제시키고 부모가 항상 눈을 떼지 못하고 있다 했다. 나는 빵을 집어 먹으며 건성으로 호응했다.

"몸만 컸지 어린애면서, 뭘 안다고 자기 엄마한테 시집 보내달라 조르는데 웃기지도 않아서. 우리 언니 자산가거든? 자기 동료들 중에 성실하고 착한 남자 없어? 우리 조카 중매 좀 서줘."

원장님의 어처구니없는 고정관념을 깨줘야 하나 말아야 하나 고민했다. 그런 내 마음도 모르고 그녀가 내 고민에 쐐기를 박았다.

"시각장애인은 세상의 더럽고 추악한 것을 못 보니까 얼마나 순수하겠어. 우리 조카는 눈은 잘 보이니까 서로 아껴주며 모자란 부분을 보완해주면서 살면 얼마나 예쁠까?"

꾸역꾸역 삼킨 빵 때문인지 가슴이 메었다. 주먹으로 답답한 가슴을 팡팡 처대며 원장님의 편견을 바로잡았다. 성품은 장애 유무와는 전혀 상관없으며, 세상을 못 보고 산다고 해서 순수할 거라는 편견은 근거 없는 착각이라 말했다. 그녀는 확증 편향에서 빠져나오지 못하고 계속 동화 속 이야기를 이어나갔다.

"아이를 낳으면 우리 언니가 다 키워주고 돈 걱정 없이 먹고살 준비까지 다 해준다고 했어. 그러니 자기가 후배 중에 괜찮은 숙맥 총각 하나 이어줘 봐. 우리 조카가 오손도손 사는 게 내 소원이야."

본 적도 없는 원장님의 조카가 불쌍했다. 당사자의 의사는 묵살된 채, 가장 사랑하는 이들에게 인생의 방향을 강제당하는 삶이 측은했다. 슬슬 심술보가 발동했다. 원장님의 환상을 와장창 깨부술 이야기가 아주 많았다. 눈먼 사기꾼, 바람둥이, 알코올 중독자……. 어떤 동료를 소환해야 원장님한테 한 방 먹일 수 있을까 고민했다. 그때 원장님이 무언가 불현듯 떠올랐는지 내게 말했다.

"근데 자기. 자기는 장애인인데 왜 이렇게 못됐어?"

예상치 못한 강펀치였다. 나는 보이지도 않는 거울 속 그녀를 흘기며 내 주변에는 나와 같은 성격의 장애인만 있으니 중매 따위는 바라지도 말라고 호통쳤다. 그러자 원장님은 큰 깨달음을 얻은 사람처럼 혼자 중얼거렸다.

"맞네. 장애인이라고 순수할 거라는 건 내 착각이네."

그녀가 거울에 비친 내 얼굴을 보고 말하고 있음을 알았다. 기분은 더러웠지만 내 존재로 장애 인식이 개선되었다는 사실에 씁쓸한 만족감이 들었다.

저런 사람

F는 인권영화 동아리 모임에서 만난 또래 친구였다. 적극적인 그녀가 내게 먼저 말을 걸었다. 동아리 모임을 마치면 점심시간이곤 했다. F가 내게 함께 식사를 하자고 권했다. 저시력인 F가 나를 안내해 식당에 찾아갔다. 나는 그녀가 내게 개인적인 용건이 있을 거라고 예상했다. 그런데 F는 식사가 끝날 때까지 내 개인 신상만 묻더니 앞으로 친하게 지냈으면 좋겠다는 말만 했다. 이후로도 동아리 모임이 끝나면 F와 식사를 했다. 그녀는 내게 궁금한 게 무척 많았다. 그녀는 나란 사람을 속속들이 알고 싶어 했다. 학창 시절은 어땠는지, 혼자 사는 건 외롭지 않은지, 무슨 음식을 좋아하고 어떤 행동을 싫어하는지. F가 나와 친구가 되어 기뻐하고 있다는 사실

을 나는 알았다.

"넌 첫인상부터 엄청 착할 것 같았어. 우리 친구 된 것 맞지?"

F의 낯 뜨거운 고백에 나는 웃어버렸고 남아 있던 경계심을 무너뜨렸다. 그렇게 우리는 친구가 되었다. 그녀는 친구라는 관계에 저도 모르게 집착한다고 했다.

"나, 고등학교 졸업할 때까지 친구가 한 명도 없었다."

담담하려 애쓰고 있었지만 F의 목소리는 조금 떨렸다.

그녀는 선천적 시각장애인이었다. 아기 때부터 수술을 시작해 약간의 시력만을 간신히 유지할 수 있었다. 따돌림은 유치원 시절부터 시작되었다. 퇴화된 안구 모양 때문이었다. 그녀는 흰 티셔츠를 입을 수 없었던 초등학생 시절의 사정을 이야기해주었다. 철없던 아이들은 F의 등에 '눈깔 병신'이라는 낙서를 매일 해댔다. 어린 마음에도 그 낙서를 부모가 보면 속상해할 거라고 생각해, 화장실에서 흰 티셔츠를 벗어 스스로 빨았다. 물이 닿자 잉크가 번졌다. 그 시퍼런 흔적은 아무리 헹궈도 지워지지 않았다. F의 가슴속 시퍼런 멍처럼 말이다.

그녀의 부모가 딸이 당하던 괴롭힘을 눈치채지 못할 리 없었다. 담임선생님과 상담도 하고 아이들을 불러 부탁도 했다. 그러나 어린 악마들은 놀잇감을 놓아주지 않았다. F가 가장 괴로웠던 때는 점심시간이었다. 아이들은 F의 도시락에 장난을 쳤다. F의 도시락 뚜껑이 열리자마자 기다렸다는 듯 분필 가루를 쏟았다. 어느 날은 모래가, 또 어느 날은 더러운 걸레가 날아와 도시락 위에 떨어졌다. 하는 수 없이 F는 점심시간이면 도시락을 가지고 화장실로 갔다. 변기 칸에서 문을 닫고 혼자 밥을 먹었다. 혹시나 누군가 화장실에서 도시락을 먹는다는 사실을 알까 봐, 밥을 순식간에 입에 밀어 넣고 눈물로 삼켰다고 했다. 초등학생 때 형성된 소심한 성격은 이후로 계속 그녀를 소극적이고 눈치나 살피는 외톨이로 만들었다.

그랬던 그녀가 아이를 낳고서 삶의 태도를 바꾸기 시작했다. F는 딸의 모습에서 눈치를 살피던 어린 날 자신의 모습을 봤다고 했다. 순간 그녀는 벼락을 맞은 것처럼 정신이 번쩍 났다. 아이가 이대로 자신을 보며 성장하면 자기가 겪은 학창 시절의 불행을 답습할 것만 같았다. 그건 절대 안 될 일이었다. 그날부터 F는 자신을 바꿔나가기 시작했다. 당당히 어깨를 펴고서 걷는 연습을 하고 어린이집 학부형들을 만나면 먼저 인사를 건넸다. 어떤 일이든 적극 참여하고 솔선수범하자 그녀를 향한 평가가 조금씩 달라졌다. 사교적이라는 소리를 들었고 관계 형성이 원활해졌다. 내가 본 그녀는 누구보다 단단한 사람이었다. 우리는 오랫동안 식사를 하며 이야기를 나누었다.

얼마 뒤 나는 이사를 앞두고 잔금을 치렀다. 계약은 대리인이 대행하였는데 나는 임대인과 대면하지 않아 다행이라고 안도했다.

나에게는 임대 계약에 대한 트라우마가 있다.

　스물여섯 살 때 일이다. 당시 내가 살던 지역으로 남동생이 대학을 진학하게 되었다. 나는 회사에서 지원하는 기숙사에서 생활하고 있었다. 동생은 대학교 기숙사를 신청하겠다고 했지만 나는 주말이라도 집에서 편히 쉬다 가게 하고 싶었다. 저시력 동료에게 부탁해 전셋집을 얻으러 다녔다. 12월이었는데 날씨도 춥고 내 마음도 몹시 시렸다. 시각장애인이 집을 보러 오자 집주인들은 대놓고 장애인에게는 집을 줄 수 없다며 거절했다. 어느 집은 현관에서 신발도 벗지 못한 채 쫓겨났다. 부동산 중개인을 나무라던 집주인들의 말이 생생히 기억난다. 장님한테 집 줬다가 불이라도 내면 당신이 책임질 거냐고. 곧 집 팔 건데 장애인이 살았다고 책잡혀 집값이 후려쳐지면 어찌할 거냐고. 몇 차례 거절을 당하자 전셋집 얻으려던 계획을 수정할 수밖에 없었다. 어쩔 수 없이 대출을 받아 집을 매입했다.

　억지로 사야 했던 집에서 몇 년을 거주하다 일자리를 옮기는 바람에 다시 이사해야 했다. 이번에도 별반 다를 것 없는 상황이 벌어졌다. 노골적인 거절의 말을 듣진 않았지만 결과는 똑같았다. 보다 못한 중개인이 꾀를 냈다. 집주인이 거주하지 않는 집만 보여주었고 계약 당일엔 내가 아닌 대리인을 세워 계약을 대신 진행하게 했다. 이런 비참한 경험은 나를 소심하게 만들었고 주눅 들게 했다.

무사히 잔금까지 치르자 마음이 편해졌다. 열쇠를 받아 새로 이사할 집을 다시 한번 돌아봤다. 어느새 점심시간이 되었다. 나는 동행했던 활동지원사와 근처 아무 식당에나 들어갔다. 의자에 앉고 보니 한식 뷔페였다. 입담이 거친 주인아주머니가 손님들에게 잔소리를 하고 다녔다. 잘못 들어온 거 같다는 후회가 밀려왔다. 그렇지만 그냥 나가려니 눈치가 보였다. 음식이 놓인 동선은 좁고 사람은 많았다. 활동지원사가 알아서 음식을 가져다주겠다고 했다. 나는 우두커니 식탁을 지켰다. 그러자 주인아주머니가 빨리빨리 밥을 먹고 자리를 비워야 다른 손님을 받을 거 아니냐며 나를 타박했다. 내가 무어라 변명을 하나 고민하고 있을 때, 활동지원사가 조용히 내 사정을 이야기했다. 앞을 못 보는 사람이라 자신이 챙겨다 줄 거라고. 주인아주머니는 그 소리를 듣고 미안했는지 본인이 도와주겠다며 국과 밥을 퍼서 내게 가져다주었다. 나는 감사하다고 인사하고 수저를 들었다. 활동지원사가 반찬 접시를 내 앞에 놓았다. 입구에서 음식값을 받던 주인아주머니가 누군가에게 말했다.

"요즘 저런 사람 많이 보이네. 우리 식당에도 꽤 와."

주인아주머니가 말한 '저런 사람'이 나를 지칭한다는 걸 알았다. 순간 나는 F를 떠올렸다. 그 단단한 삶의 태도를 말이다. 당당히 어깨를 펴고 바르게 앉았다. 그리고 천천히 수저질을 했다. 불쾌했지만 상처로 남기고 싶지는 않았다. 다만 나는 다짐했다.

'당신들이 말하는 "저런 사람들"의 이야기를 많이 써야지. 우

리가 함께 살아가고 있다는 사실을 널리 알릴 거야. 그게 내가 정한 나의 사명이야.'

내가 씨익 웃자 내 눈치를 보던 활동지원사가 죄지은 아이처럼 자기가 식사비를 내겠다고 했다. 나는 한 번만 더 이런 곳에 나를 데려오면 가만 안 둔다고 으름장을 놓았다. 우리는 동시에 깔깔 웃었다.

불의에 맞서는 방식

1980년 5월, G는 돌이 갓 지난 아기였다. 그녀의 어머니는 널어놓은 빨래를 걷기 위해 옥상으로 올라갔다. 여인은 발소리를 작게 죽이고 연신 불안한 눈빛으로 주변을 두리번댔다. 시내 곳곳에 군인들이 깔려 있었고 분위기는 삼엄했다. 타지로 출장을 간 남편은 도로가 통제되어 광주 시내에 들어오지 못하고 있었다. 그녀는 세 살 아들과 돌배기 아기를 데리고 집 안에 갇혀 있다시피 했다. 빨랫줄에 널어놓은 흰 광목천들이 봄바람에 휘날렸다. 햇살은 따스했지만 여인의 마음은 공포로 서늘했다. 마른 기저귀를 급하게 걷었다.

그때였다. 길에 서 있는 남자와 눈이 마주쳤다. 그는 들고 있던 총으로 그녀를 조준했다. 심장이 철렁 내려앉았다. 눈앞에 아이들의 얼굴이 떠올랐다. 순간 다리에 힘이 풀려 주저앉아버렸다. 그녀는 들고 있던 빨래를 내팽개치고 엉금엉금 기어 겨우 집 안으로 피신했다. 놀란 가슴을 추스르기도 전에 공기를 찢는 굉음이 고막을 흔들었다. 비명과 살려달라는 신음이 가까운 곳에서 들려왔다. 소란을 듣고 잠에서 깬 아기가 울음을 터뜨렸다. 그녀는 반사적으로 아기의 입을 막아 소리가 밖으로 새어 나가지 못하게 했다. 공포에 질린 손이 덜덜 떨렸다. 문밖에서 생명이 꺼져가는 신음이 생생히 들려왔다. 이튿날 그녀는 이웃집 남자가 자기 집 앞마당 화장실 앞에서 총을 맞고 죽었다는 소식을 전해 들었다.

그날로부터 40년의 세월이 흘렀다. 칠십 대 노인이 된 그녀는 그날의 일을 한 번도 잊어본 적 없다 했다. 자신에게 총을 겨눈 군인의 그 핏발 선 눈빛을 말이다.

G가 야밤에 전화를 걸어왔다. 나는 잠들기 직전이라 그 전화를 무시했다. 이튿날 새벽, 전화벨 소리에 잠이 깼다. 휴대전화를 들어 확인해보니 또 G였다. 성가신 마음에 전화를 퉁명스럽게 받았다. 그녀는 흥분된 목소리로 계엄 선포부터 해지까지의 상황을 떠들어댔다. 나는 그제야 지난밤 혼란을 알았다. G가 세상모르고 잠들었던 나를 무척 어처구니없어했다. 그녀는 뜬눈으로 밤을 지새웠다고 했다.

"엄마에게 밤새 전화가 수십 통 왔어. 절대 밖에 나가지 말라고 신신당부를 하시는데, 목소리가 벌벌 떨리는 거야!"

G는 자신의 어머니가 광주에서 겪었던 그 참혹한 시간을 내게 전했다. 내 주변에 5·18 민주화 운동을 겪은 사람이 있다는 사실이 놀라웠다. 5·18은 내게 먼 역사로 여겨졌었다. 고백하자면 근현대사에 큰 관심도 없었다. G의 이야기를 한참 듣는데, 오래전 텔레비전에서 본 영상이 머릿속에 떠올랐다. 만삭의 임산부를 짐승처럼 때려죽여서 질질 끌고 다니던 괴물들의 모습이 말이다. 너무도 야만적이고 참혹해서 텔레비전을 끄고 끔찍한 그 장면을 기억 속에 깊이 묻어버렸다. 비현실적이라서 내 땅에서 벌어진 일이라고 인정하고 싶지 않았는지도 모르겠다. 분노에 찬 G가 시위를 함께 나가자고 했다. 나는 일 핑계를 대며 슬쩍 빠졌다.

2024년 겨울, 국가 원수가 계엄을 선포했다. 성난 시민들이 국회 앞에 모여들어 민주주의의 훼손을 비판했다. 겁쟁이인 나는 방송으로만 추이를 살폈다. 군중 사이에는 G도 있을 것이었다.

주말이 되었다. 마사지 숍은 그 어느 때보다 한가했다. 온 국민이 분노했고 많은 이들이 국회의사당 앞으로 몰려갔다. 나와 함께 방송을 듣던 동료 둘이 외투를 챙겨 입었다. 어딜 가냐는 내 물음에 동료들은 이대로 참고 있을 수 없다며 여의도로 갈 거라 했다. 나는 그들의 앞을 막아섰다. 앞도 못 보는 너희가 가서 뭐 얼마나 도움이 되겠냐고 설득하며 붙잡았다. 그들은 걱정하는 나를 다독이며 두세 시간만 시위에 참여하고 무사히 돌아오겠다고 약속했다.

"쌤, 행동하지 않는 양심은 악의 편이에요."

동료의 굳건한 의지가 방관하는 나를 부끄럽게 만들었다. 아무도 없는 마사지 숍을 혼자 지키며 텔레비전을 물끄러미 바라봤다. 구호를 외치는 성난 시민들의 함성이 들렸다. 오래전 나는 국립 5·18 민주묘지를 방문한 적이 있다. 당시 나는 초등학생이었고 조부의 묘소에 간 것이었다. 내 조부는 5·18과는 전혀 상관없이 묘지만 그곳에 안치되었다. 숫자를 헤아릴 수조차 없이 늘어선 수많은 묘지는 어린 마음에도 엄숙해 보였고 무섭기도 했다. 기억들이 망령처럼 살아나 머릿속을 유영했다.

기다리던 예약 손님이 도착해 마사지를 시작했다. 이십 대의 젊은 여성이었는데 뽐내듯 자신이 한 달에 한 번씩은 장애인 시설에서 봉사를 한다는 이야기를 꺼냈다. 나는 감격한 척해주었다. 그게 내 직업적 의무라 생각했기 때문이다. 마사지를 진행하며 시위에 나간 동료들이 무사히 여의도에 도착했을지 걱정했다. 시술을 마치고 나와 다시 텔레비전 앞에 앉았다. 현장에 나간 기자는 몰려든 인파 때문에 전동차가 여의도를 무정차로 통과하고 있다 전했다. 어두운 눈앞에 기억 속 한 장면이 떠올랐다. 5·18 당시 실종자의 사진을 모아놓은 벽이었다. 어린아이와 노인, 젊은 여성과 중년 남성 가릴 것 없이 다양한 인물이 생사를 알지 못한 채 낡은 사진

속에 멈춰 서 있었다. 그 앞에는 유리 상자 속 종이학과 조화들이 먼지를 뒤집어쓴 채 빛바래고 있었다.

불안한 감정이 나를 자꾸만 일으켜 세웠다. 머릿속이 불길한 상상으로 가득 찼다. 엘리베이터 앞을 서성이며 손목시계로 시간을 연신 살폈다. 두 시간 후 돌아오겠다던 동료들은 세 시간이 지나도 돌아오지 않았다. 이런 내 초조한 마음과는 별개로 예약 손님이 도착했다. 온통 정신을 딴 곳에 빼놓고 기계처럼 시술을 이어갔다. 단골이던 중년 부인이 내 마사지가 만족스럽지 않았는지 불편한 기색을 은근히 내비쳤다.

"쌤, 오늘 무슨 일 있어요? 손끝에 영 진심이 없네."

나는 그녀에게 동료들이 시위에 나갔고 무척 신경 쓰인다고 이야기했다. 또 내 안위만 챙기며 비겁하게 물러나 있는 옹졸한 내 양심이 부끄럽다고 고백했다. 그러자 그녀가 말했다.

"다 각자만의 방식으로 정의를 지키고 살면 돼요. 쌤한테 몸을 좀 풀고 나도 시위에 나갈 건데요. 가서 크게 소리칠 수 있게 마사지를 잘 해주세요. 쌤 대신 내가 두 배로 불의에 항거할게요."

그녀가 장난스럽게 말했지만 나는 그 말에 불편했던 마음을 다스릴 수 있었고 집중해서 마사지 시술을 했다. 마사지를 마치고 나오니 동료들이 돌아와 있었다. 그들의 목소리를 듣고 남몰래 안도했다. 그들은 흥분된 음성으로 현장을 설명했다.

"쌤, 사람이 얼마나 많은지 몰라요. 그런데 누군가 넘어지면 서로 일으켜주고, 모르는 사람에게 핫팩도 받았어요. 시위장이 아니라 콘서트에 다녀온 기분이에요."

나는 그들에게 부탁했다. 다음 주 집회에는 나도 데려가달라고, 용기 내서 행동하는 양심이 되어보겠다고.

텔레비전에서는 응원봉을 흔들며 아이돌 노래를 부르는 새 시대의 투쟁이 방송됐다.

꿈이 피어나는 순간

마사지 숍에는 다양한 사람이 손님으로 방문한다. 대부분 몸이 불편해 찾아오는 이들이지만 간혹 육체의 통증보다는 마음의 병이 깊은 사람들과 조우할 때가 있다. 안마사로서 그런 손님이 배정되면 난감하다 못해 인간에 대한 회의가 들 정도로 감정이 소모된다.

어느 한가한 오후였다. 동료들과 피하고 싶은 손님 유형에 관해 이야기했다. 누구는 아파도 무조건 세게 하라고 다그치는 손님을, 어떤 이는 몸을 슬쩍 더듬는 변태 손님을, 또 누구는 술에 취한 손님을 피하고 싶다 했다. 내 차례가 되었다. 나는 습관적으로 남을 탓하는 사람과는 잠시라도 같이 있고 싶지 않다고 말하며 몸서리까지 쳤다. 내 입에서 튀어나온 목소리는 다분히 감정적이었고 날이 서 있었다. 조금 전 시술했던 손님이 그런 사람이었기 때문이다.

    50분의 마사지 시술 동안 수십 번 뛰쳐나오고 싶은 심정을 다스리느라 안간힘을 써야 했다. 그녀의 부정적 감정은 한숨으로 시작됐다. 살이 찐 몸은 유전적 결함이라 했다. 날카로운 목소리로 어머니를 탓했다. 조기 유학 실패는 아버지의 무능 때문이었다. 수능 실패는 그해 시험 출제자들의 책임이었다. 도피성 유학은 그 당시 친구들 때문에 망해버렸다. 허송세월은 다 타인의 탓이었다.

    나는 그만 듣고 싶었다. 마사지를 받을 때는 몸을 충분히 이완해야 하므로 그만 말하고 집중해달라고 요청했다. 그러자 그녀는 내 실력이 모자라 제대로 하지 못하면서 자기 핑계를 대느냐고 되레 나를 나무랐다. 나는 입을 다물었다. 이후로도 그녀는 온갖 탓을 하며 자기 신세를 비관했다. 나는 귀를 막고 내 할 일만 했다. 내가 본인 말에 호응하지 않자 그녀가 본격적으로 시비를 걸어댔다.

    "요즘 발레랑 피겨스케이팅을 배우고 있는데 전문가가 만져볼 때 내 몸 어때요? 피겨스케이팅에 적합한 근육인가요?"

    솔직히 모르겠다고 말했다. 그녀는 나를 비난했다.

    "안마 일 오래 하셨다면서요. 그런 것도 몰라요? 안마 헛배우셨네."

    짜증이 났다. 서른도 넘어 보이는데 이제 와서 피겨스케이팅을 배워 어쩔 거냐고 빈정댔다.

    "그러니까요. 진작 내 진로를 이쪽으로 정했어야 하는데, 아빠

사업이 왜 그때 망해서는."

 또 도돌이표였다. 부모를 향한 원망과 성토가 계속 이어지다가 시술 시간이 겨우 끝났다. 그녀는 몸을 조금 더 풀고 싶다며 시간을 연장하겠다고 했다. 나는 그러고 싶지 않았다. 선량한 목소리를 억지로 꾸며내 과도한 자극은 자칫 몸에 무리를 줄 수 있으니 오늘은 이것으로 만족하라고 설득했다. 그러면서 뒤늦게 찾은 꿈을 이루려면 몸을 소중히 보호해야 할 것 아니냐며 비꼬았다. 그녀는 내 의도를 이해하지 못했는지 길게 한숨을 쉬며, 삶이 뜻대로 되지 않는다고 세상 탓을 했다. 육체적 피로보다 정신적 피곤이 나를 한껏 지치게 했다.

 퇴근을 하고 일찍 잠자리에 들었다. 평소에는 음악을 작게 틀고 책을 읽다 잠드는 게 일과지만 오늘은 아무것도 듣고 싶지 않았다. 휴대전화도 진동 모드로 바꿔놓았다. 고요한 침묵으로 소진된 기운을 충전하고 있을 때였다. 화장대에 올려둔 휴대전화가 진동했다. 나는 무시했다. 10분이나 지났을까? 다시 휴대전화 진동 소리가 나를 괴롭혔다. 참다못해 몸을 일으켜 휴대전화를 집어 들었다. 발신자를 살펴보고 인상을 와락 구겼다. 지금은 이야기하고 싶지 않은 상대였다. 휴대전화를 내려두고 다시 침대에 몸을 누였다. 짧은 진동이 연속해서 징징 울었다. 메시지 폭탄이 투척되는 중이었다. 징글징글하다고 흉을 보며 휴대전화를 집어 들었다. 상대는 내 행동을 보고 있기라도 하듯 다시 전화를 걸어왔다. 귀찮은 감정이 목소리로 튀어나왔다. 언니는 퉁명스러운 내 대답에도 불구하고 자기 용건만 떠들어댔다.

"드디어 우리 애기가 도착했어. 손에 착착 감겨. 너무 예뻐."

그녀는 해외 배송으로 받은 명품 가방을 실컷 자랑했다. 통화를 빨리 끝내고 싶어 거짓 공감을 끌어내고선, 피곤하니 다음에 통화하자고 다독였다.

"너 내 전화 잘 안 받잖아! 바쁜 척 좀 그만해."

속으로 뜨끔했다. 사실 나는 언니의 전화를 피했다. 그녀에게서 흘러나오는 부정적 감정이 내게 전염될 것만 같아서였다.

언니와는 직장 동료로 인연을 맺었다. 그녀는 소문난 트러블 메이커였다. 동료들과의 관계도 가족들과의 사이도 원만하지 않았다. 세상을 향한 삐뚤어진 생각과 배려 없는 거친 입담은 주변 사람들을 지치게 만들었다. 언니는 습관적으로 신세 한탄을 해댔다. 시각장애가 자신의 인생을 다 망쳤다고 억울해했다. 그녀는 흰 지팡이 없이 보행할 수 있는 경증 장애인이었다. 작은 글씨만 보이지 않을 뿐, 장애가 삶에 큰 영향을 주는 것 같지 않았다. 그런데도 언니는 자기 자신이 가장 불쌍하고 불행했다. 술과 담배와 사치가 언니의 유일한 낙이었다. 입만 열면 무료한 삶을 한탄하고 불행하다고 떠들었다. 그러고는 장애를 핑계 댔다. 동료로서 언니의 절망을 공감했다. 하지만 언니의 습관적 신세 한탄을 계속 받아줄 수는 없었다. 적당히 거리를 두다 내가 이직을 하며 자연스럽게 사이가 소원해졌다. 언니는 용건 없이 내게 전화를 걸어왔다. 한두 번 받아주다가 통화를 피하기 시작했다.

"내가 눈만 제대로 보였어도 이러고 안 사는 건데."

언니의 레퍼토리가 또 시작됐다. 오늘은 도저히 그녀를 견딜 수가 없었다. 끊어질 듯 아슬아슬 실 가닥 같던 내 인내심이 뚝 끊어져 버렸다.

"핑계 좀 그만 대. 언니 인생 망친 건 언니 자신이잖아. 남 탓 좀 그만하고 살아. 불행에서 헤어날 생각도 없으면서. 노력 없이 얻어지는 게 있을 것 같아? 이제 그만 정신 차려!"

억눌렀던 감정을 내뱉고 나니 속은 시원했다. 어버버하던 언니가 내게 억센 욕을 퍼붓고 전화를 끊어버렸다. 침대에 누워 캄캄한 허공을 올려다봤다. 텅 빈 가슴에 후회가 들어찼다. 나는 다분히 감정적이었다. 언니에게 쏟아낸 비난은 정당하지 않은 화풀이였다. 반성하는 마음이 들었지만 지금은 사과하고 싶지 않았다.

그녀는 한동안 내게 연락하지 않았다. 단단히 삐진 모양이었다. 내가 먼저 전화를 걸어봐야겠다는 생각이 들었지만 차일피일 미뤘다. 본업인 안마사 일과 에세이 작가 활동으로 정신없는 나날을 보냈다. 그날의 일은 까맣게 잊어버렸다.

언니는 몇 달 만에 전화를 걸어왔다. 나는 좀 멋쩍어 전화를 받을지 말지를 고민했다. 무엇보다 언니와의 대화는 그저 시간 낭비라는 생각도 했다. 하지만 내게 먼저 전화를 걸어준 정성이 고맙기도 했다. 전화를 받자 언니는 그동안 잘 지냈냐고 안부를 물으며 책이 출간되었다는 소식을 들었다고 축하를 건넸다. 그러고는 자기 근황을 전했다. 요즘 플로리스트 과정을 밟고 있단다. 취미 과정이라 전문적이지는 않지만 꽃을 만지는 일이 즐겁다고 했다. 언니는 내게 칭찬을 바라는 어린애처럼 수줍어했다. 나는 언니의 생각을 읽고 크게 환호하며 멋지다고 격려했다. 처음으로 언니가 내게 꿈을 이야기했다.

"이 나이에 부끄럽지만 나 플로리스트가 되고 싶어. 화관을 만들면 너에게도 선물할게."

나는 하고 싶은 일에 나이가 무슨 상관이냐고 말했다. 그 말을 내뱉다 문득 피겨스케이팅을 시작하려 한다던 손님이 떠올랐다. 나는 그녀의 뒤늦은 꿈을 비웃었다. 누구도 타인의 꿈을 무시할 권리는 없다. 그 사실을 깨닫자 부끄러워졌다. 내 편협한 사고를 반성했다. 언니에게 진심으로 사과했다. 그녀는 거칠지만 가벼운 말투로 내 사과를 받아주었다.

뺨 석 대의 추억

댕댕이는 내 장애인 학교 동기다. 녀석은 융통성 없는 성격이었지만 성실했고, 주어진 삶에서 자신만의 즐거움을 찾아가며 만족스러운 생활을 했다. 우리는 간혹 통화를 하며 서로의 근황을 묻고 동기들의 안부를 전했다.

어느덧 우리 나이도 마흔 목전이었다. 언제부턴가 댕댕이는 내게 농담처럼 소개팅을 주선해달라며 졸랐다. 내가 알기로 녀석은 여태껏 제대로 연애를 해본 적이 없었다. 댕댕이는 학창 시절부터 소문난 겁쟁이였다. 녀석에게는 오랫동안 짝사랑하는 후배가 있었다. 그 사실을 주변 사람 모두가 알았다. 심지어 짝사랑 대상이던 당사자도 댕댕이가 자신을 좋아하고 있음을 알았다. 하지만 댕댕이는 끝내 고백 한 번 못 해보고 졸업했다. 사회에 나와서도 마찬가지였다. 만날 혼자 호감을 키우다가 포기해버리는 게 녀석의 실연 레퍼토리였다. 그러고는 내게 끝난 사랑을 고백했다. 위로를 바랐겠지만 절친이라면 이런 건수를 잡았을 때 놀려대는 것이 인지상정 아니겠는가! 나는 실컷 골려대고 댕댕이는 괜히 말했다고 분개하며 일방적으로 전화를 끊어버렸다.

댕댕이에게 양이를 소개한 것은 순전히 내 잘못이었다. 양이는 전 직장 동료였다. 그녀는 항상 우울해 보였다. 사람을 그리워하는데, 정작 본인은 누군가에게 정을 주지 않고 이용할 대상으로만 여겼다. 나는 양이를 안쓰럽지만 가까이하고 싶지는 않은 사람으로 규정하고 거리를 뒀다. 이런 내 마음과 상관없이 그녀는 때때로 날 찾아와 무언가 부탁하거나 밥을 사달라고 졸랐다. 형식상 두어 번 그녀의 부탁을 들어주었지만 이직 후에는 핑계를 대고 대부분의 만남을 피했다. 양이는 끈덕지게 내게 연락을 해왔다. 내가 전화를 피한다는 사실을 알 텐데 개의치 않는 것 같았다.

가끔은 내게 매달리는 그녀가 불쌍해져서 전화를 받았다. 그럴 때 어김없이 내 기분은 추락했고 맑았던 세상이 잿빛으로 느껴지며 우울해졌다. 그녀의 불행은 전염성이 컸다. 양이는 입버릇처럼 늘 외롭고 쓸쓸하다 했다. 내가 알기로 그녀는 항상 연인이 있었다. 자신의 결핍을 타인에게서 충족하는 이들을 나는 이해하지 못했다. 양이에게 베풀어줄 수 있는 아량은 가끔 전화를 받아 그녀의 푸념을 들어주는 것뿐이었다.

양이에게 한참을 시달린 날이었다. 곧바로 댕댕이에게서 전화가 걸려왔다. 가라앉은 기분을 희석하려고 반갑게 전화를 받았다. 녀석과 우스갯소리를 하며 소진된 기운을 채우고 싶었다. 그러나 "여보세요."라는 말이 끝나기 무섭게 댕댕이가 외로움 타령을 해대기 시작했다. 방금 전까지 지겹게 들은 소리였다. 나는 충동적으로 소개팅을 주선했다. 이성이 나를 마구 혼냈지만 꺼낸 말을 주워 담을 수도 없었다.

"통화부터 천천히 시작해. 충분히 서로를 알고 만나라고. 내 말 듣고 있어?"

내 조언을 듣는 건지 마는 건지. 흥분한 녀석이 수화기 너머에서 팔짝팔짝 뛰어댔다. 나는 몇 번이고 신중한 만남을 가지라고 당부했다.

양이에게도 마찬가지로 이야기했다. 그녀는 내가 소개해주었으니 입장 곤란해지지 않게 만남을 가져보겠다고 했다. 그녀의 성숙한 말을 듣고 안도했다. 그리고 두 사람이 잘되기를 진심으로 바랐다.

이틀 후, 양이가 전화를 걸어와 다짜고짜 따지기 시작했다. 방금 전 댕댕이를 만났는데 자기를 왕창 등치고 갔단다.

"언니, 나한테 유감 있어요? 어디 그런 사람을 소개해요. 나 이대로 못 넘어가요. 밥값도 반 받아주고 그 사람 내게 다시 연락 못하게 차단해줘요."

나는 양이에게 된서리를 맞아 얼떨떨했다. 씩씩대는 상대를 진정시켰다. 그녀는 분을 삭이지 못하고 전화를 일방적으로 끊어버렸다. 어떤 상황인지 알아야 했다. 댕댕이에게 전화를 걸었다. 녀석은 양이와 상반된 분위기였다. 흥분된 목소리로 오늘 양이와 데이트를 성공적으로 잘했다며, 내게 고맙다 말했다. 일방적 그린라이트가 반짝반짝 빛을 냈다. 눈치 없는 녀석이 불쌍했다.

양이의 말을 전하기 전에 댕댕이에게 자초지종을 물었다. 오늘 만남을 원한 쪽은 양이었다. 댕댕이는 양이가 정한 장소로 갔다. 그곳은 소고기 전문 식당이었다. 댕댕이는 고기만 보면 눈이 돌아가는 녀석이었다. 실컷 먹고 예의 바르게 잘 먹었다고 인사를 건넸다. 커피는 자기가 사겠다고 남자답게 앞장섰다. 댕댕이는 뭐가 잘못됐는지 모르겠다고 억울해했다. 나는 얌체 같은 두 사람의 속마음이 들여다보였다.

"더치페이 할 생각은 없었어?"

녀석이 입을 꾹 다물었다. 댕댕이와 통화를 하고 있는데 계속 양이가 전화를 걸어왔다. 일단 통화를 정지하고 양이의 전화를 받았다. 그녀는 밥값만 반 받으면 나를 용서해주겠다고 했다.

"언니가 소개했으니까. 끝까지 책임도 져요."

그 잠깐 사이 양이는 계산기를 두들겨 받아낼 금액을 산출해 자기 계좌번호와 함께 적어 내게 메시지로 보냈다. 뺨 석 대를 얻어맞은 것처럼 양 볼이 얼얼했다. 중매 한 번 선 죄로 나를 빚쟁이 다그치듯 몰아세우는 그녀의 태도가 고까웠다. 양이에게 한마디 안 하고 넘어갈 수가 없었다.

"그래. 고기 값은 받아줄게. 근데 너 앞으로 내게 외롭다느니 쓸쓸하다느니 하는 얘기는 이제 못하겠다, 그치?"

쌀쌀맞게 쏘아붙이고 전화를 끊었다. 숨을 가다듬고 댕댕이에게 전화를 걸었다. 그녀의 말대로 상황을 정리할 책임이 내게 있었다. 양이의 말을 사실대로 전했다.

"진짜 어이없네. 나는 그 돈 못 줘. 내가 커피 샀거든. 남자가 무조건 밥 사라는 법 있냐."

"야! 커피 값 사천 원 나왔다며! 네가 먹은 값은 네가 내야지!"

"먼저 밥 먹자 한 사람이 사야 하는 거 아냐?"

녀석이 어깃장을 놨다. 기막히고 억울해 억지 쓰는 것이었다.

"그래, 그럼 내가 네 밥값은 대신 줄게. 넌 나한테 얻어먹은 거다."

댕댕이는 침묵했다. 전동차 속 소음이 녀석의 실망한 감정과는 상관없이 주말의 흥겨움을 내게 전달했다. 홀로 죽상을 하고 앉아 있을 녀석이 눈앞에 그려졌다.

다음 날 댕댕이가 자기 밥값을 내게 송금했다. 피식 웃으며 녀석에게 전화를 걸었다. 댕댕이는 아직 이불 속이었다. 나는 진지한 목소리로 이번엔 진짜 괜찮은 여자가 있다고, 소개받을 생각이 있냐고 물었다. 부루퉁하게 전화를 받던 녀석이 슬며시 이불을 걷고 일어나 앉는 기척을 냈다. 나는 우리 집 인공지능 스피커를 불렀다.

"시리야!"

인공지능 스피커가 대답을 했다.

"야, 스피커 싸게 줄게. 중고로 안 사갈래?"

진짜 우정은 친구가 상심에 빠져 있더라도 놀림을 멈춰대지 않는 법. 댕댕이가 분한지 내게 욕을 하고 전화를 끊었다. 나는 휴대전화를 들고 깔깔 웃었다.

엉터리 현자들

연말이면 나와 두 친구는 각자의 사주 명식(命式)을 펴놓고 자신의 신년 운수를 해석하며 의견을 나눈다. 함께 명리학을 공부한 뒤로 모임이 일종의 연례행사처럼 이어졌다. 셋이 명리학을 공부한 지는 10년이 다 되었다. 당시 우리 셋은 모두 이직을 앞두고 불안해하고 있었다. 그러던 중 한 친구가 추천한 명리학 기초 서적을 함께 돌려 봤고, 유료 강의를 찾아 들으며 명리학의 세계에 빠졌다. 동양 철학은 음양을 기본으로 오행의 구조를 이해하는 것이 기초다. 나는 장애인 학교에서 직업교육으로 한방 경혈을 공부했기 때문에 기본적으로 이해가 빨랐다. 명리학은 육십갑자와 십이지신의 고유 성분을 이용해 타고난 생년월일시를 바탕으로 하여 10년, 5년, 1년 순으로 기간을 좁혀가며 충과 합을 따지고 운수를 본다.

명리학은 일종의 통계학으로 학파마다 해석 방식이 다른데, 깊게 공부할수록 아리송해지며 흥미가 떨어졌다. 처음에는 실습하기 위해 주변 사람들의 사주를 봐주었다. 그런데 애써 명식을 해석해 알려주면 그 자리에서는 기가 막히게 잘 맞힌다고 해놓고는, 며칠 뒤에 본인 사주를 잘못 알려줬다며 다시 봐달라 해서 나를 김빠지게 했다. 무엇보다 내가 더 이상 남의 사주를 보고 싶지 않다고 결심한 이유는 상대가 알고 싶지 않은 비밀을 자꾸 고백하기 때문이었다. 지인들은 자신의 내밀한 이야기를 털어놓으며 내게 답을 구했다. 나는 당연하게도 답을 가지고 있지 않았다. 그럴 능력이 없으니 사주가 틀리는 건 당연한 결과였다. 섣부르게 타인의 삶을 들여다보려 했던 나 자신을 책망하며 더 이상 남의 사주를 봐주지 않겠다고 선언했다.

을사년의 내 신수는 잦은 이동과 팔다리 부상이었다. 그 의견에 두 친구 모두 공감했다. 그러고 한 달이나 지났을까? 나는 어처구니없이 의자에서 떨어져 팔에 깁스를 했다. 다행히 뼈에 금만 가서 수술은 피할 수 있었다. 내 부상 소식을 들은 두 친구가 명리는 과학이라는 소리를 해댔다. 나는 철없이 낄낄거리다가 옛 기억을 소환했다. 운명론자가 된 두 친구에게 이성을 되찾아주고 싶었다.

장애인 학교를 다닐 때였다. 엄마가 이번 월요일엔 학교에 가지 말고 땡땡이를 치라고 했다. 이유를 물으니 소개받은 용한 무당 집에 가서 내가 정말 장님이 되느냐고 물어보자는 것이었다. 엄마는 그때까지 내 장애를 인정하지 못하고 있었다. 무당의 말 따위 믿지 않았지만, 엄마가 용돈을 미끼로 거는 바람에 못 이기는 척 따라나섰다.

운전대를 잡은 사람은 한동네 사는 육촌 오빠였다. 그는 마흔을 앞둔 노총각이었고 엄마의 공식 똘마니였다. 엄마는 전형적인 나쁜 친구의 표상이었다. 육촌 오빠가 담배를 배운 것도, 주식 바람이 들어 깡통 계좌를 만든 것도, 모두 엄마를 따라다니며 생긴 일이었다. 그즈음 엄마는 무속에 빠져 있었는데 분위기를 보아 무당 물이 육촌 오빠에게도 흘러간 모양이었다. 두 사람은 자동차 앞좌석에 앉아, 누구 선녀님이니 법사님이니 하며 점치고 온 이야기를 신이 나서 해댔다.

"고모, 여기는 찐이야! 내림굿 받은 지 이제 한 달밖에 안 됐다는데, 동자가 실려서 얘기하는 게 정말 귀신같이 맞다니까."

늦게 배운 도둑질 날 새는 줄 모른다더니, 물은 엄마가 들여놨지만 지금은 육촌 오빠가 미신에 흠뻑 빠져 있었다. 속으로 두 사람을 한심하다 여겼다. 하지만 아무 내색도 하지 않았다. 지푸라기라도 잡고 싶은 엄마의 마음을 알았고 괜히 건드려 용돈을 깎일 필요도 없었다.

도로는 한산했다. 길가에 서 있는 표지판을 보니 충청도 경계를 지나 안성 방향으로 향하는 중이었다.

"보살님이 얼마나 용한지, 내가 총각인 것도 우리집에 제사가 많은 것까지 다 알아맞히더라. 소문나서 신기(神氣) 떨어지기 전에 빨리 가서 보자고."

육촌 오빠가 호들갑을 떨며 액셀을 밟아댔다. 작은 마을들이 계속 뒤로 멀어졌다. 어느새 아스팔트 도로에서 흰 포장도로로 길이 좁아졌다. 비닐하우스와 외딴집들이 드문드문 보였다. 자갈이 깔린 마당에 차가 멈춰 섰다. 주변은 온통 배추밭과 무밭이었고, 허름한 컨테이너 박스 지붕 위에서 오색 깃발이 가을바람에 나부꼈다.

마당에는 작은 수도가 있었고 입구 반대편으로는 토끼 사육장이 늘어서 있었다. 어디서 튀어나온 건지, 작은 발바리 한 마리가 마당을 횡으로 뛰어다니며 방문객을 향해 짖었다. 소란을 들었는지 컨테이너 문이 열렸다.

몸집이 자그마한 아주머니가 밖으로 나왔다. 상상했던 것과 달리 평범한 시골 아낙이었다. 화장기 없는 얼굴은 새카맸고 옷차림도 허름했다. 누워 있다 나왔는지 파마머리가 한쪽으로 눌려 있었다. 구면인 육촌 오빠가 나서며 서로 인사시켰다. 아주머니는 잠시 기다리라며 우리를 밖에 세워두고 혼자 컨테이너 안으로 들어갔다. 아마도 손님 맞을 준비가 안 되어 있던 듯싶었다. 발바리는 지치지도 않는지 계속 우리를 향해 귀 따갑게 짖어댔다.

나는 자동차 옆에 멀뚱히 서 있다가 토끼 사육장을 기웃댔다. 회갈색 토끼들은 식용인지, 내가 알던 크기가 아니었다. 양쪽 귀가 30센티미터는 되어 보였다. 무게도 10킬로그램 이상은 나갈 것 같았다. 내가 유심히 들여다보자 토끼 한 마리가 기분이 나쁜지 덤벼들듯 철창에 달라붙어 위협하며 눈을 흘겼다. 나는 화들짝 놀라 뒷걸음질 쳤다. 손님 맞을 준비가 다 됐는지 아주머니가 창문을 열고 집 안으로 들어오라고 소리쳤다.

방 안은 단출했다. 여기서 생활을 하는지 싱크대에 밥솥이며 그릇이 다 나와 있었다. 아주머니와 교자상 하나를 사이에 두고 마주 앉았다. 나를 옆에 앉힌 엄마가 내가 장님이 될 것 같냐고 물었다. 아주머니는 내 사주를 묻고는 입속에 무언가를 물고 있는 사람처럼 소리 내며 씹어댔다. 그러더니 트림을 끄윽 하고 뱉으며 내가 아닌 엄마를 향해 어린아이처럼 말했다.

"장님? 언니가 왜 장님이 돼? 언니 걱정 말고 아줌마나 조심해. 아줌마 쉰다섯 살에 죽어. 근데 그때 넘기면 오래 살아. 하지만 못 넘길걸."

엄마는 벼락 맞은 사람처럼 굳어 숨도 쉬지 않았다. 나는 불길한 예언을 듣고 심장이 철렁 내려앉았다. 신뢰성을 떠나 내용이 지독했다. 정신을 차린 엄마가 버럭 소리를 질렀다.

"이 여자가 얻다 대고 악담이야! 당신, 사람 목숨 갖고 사기 치면 천벌 받아."

아주머니는 어린아이처럼 몸을 움츠리며 엄마의 악다구니를 얻어맞았다. 기분 상한 엄마는 복채도 내지 않고 자리를 떠났다.

그날 일을 기억해 낸 것은 엄마의 장례가 이틀째 되던 날이었다. 까마득히 잊고 있었는데 그날 그 자리에서 함께 그 이야기를 들었던 육촌 오빠가 넋 나간 목소리로 기억을 환기시켰다. 순간 발뒤꿈치부터 소름이 끼치기 시작해 목덜미까지 닭살이 돋았다. 우연치고는 절묘한 현실이었다. 나는 친구들에게 그 이야기를 해줬다. 다만, 결국 내가 눈이 멀었다는 사실은 그녀가 맞히지 못했다는 걸 이야기하고 싶었는데 두 친구는 엄마가 쉰다섯에 돌아가신 사실만 듣고 그곳에 다시 찾아가자며 호들갑을 떨었다. 내 의도는 우연을 운명으로 혼동하지 말자는 뜻이었다.

나는 타고난 운명이 있다고 믿는다. 하지만 정해진 운명대로 살지만은 않는다고 생각한다. 명리학을 공부하며 내가 얻은 것은 운명에 결코 순응하지 말고 맞서라는 가르침이었다. 나는 과거의 기록을 통해 피해야 할 때와 나아가야 할 때를 조언받는다. 그것이 진정한 명리학이라 생각한다.

나는 깁스한 팔을 친구들에게 들이대며 농담을 건넸다.

"보살님들, 우리 이쪽으로 나가볼까?"

엉터리 점쟁이들은 망하려면 혼자 망하라며 금세 이성론자로 돌아온다.

집에 화분을 들였다

산장 할머니는 내 어머니에게 눈먼 자식이라도 하나 있으면 좋겠다고 말했다. 새참을 먹던 동네 사람들이 엄마와 내 눈치를 살폈다. 베어 문 보름달 빵이 목에 걸려 내려가지 않았다. 얼굴에 열이 올랐다. 우유를 벌컥벌컥 들이켰다. 사실 목이 멘 건 빵 때문만은 아니었다. 산장 할머니는 눈치 없이 새참이 넉넉하니 천천히 먹으라고 내 등을 다독였다. 엄마는 말없이 목장갑을 끼고 일어섰다. 다른 일꾼들도 속속 일어나 다시 작업을 이어갔다. 예초기를 멘 아저씨들은 잔디밭을 깎았다. 아주머니들은 호미로 잡풀을 캐내고 갈퀴로 잘린 잔디를 긁어모았다. 나도 부지런히 일을 도왔다.

할머니가 사는 산장 부지는 광활했다. 산을 깎아 별장을 짓고 언덕에는 잔디를 깔았다. 마당에는 정원수가 심어져 있고, 기와를 올린 정자도 있었다. 주변은 온통 들판이었다. 인근 부락이 저 멀리 보였다. 산장은 동네와 떨어진 외딴 터에 있었다. 할머니는 이곳에서 홀로 살았다. 우리 지역에서 그 산장은 역사 깊은 명소였다. 엄마 말로는 엄마가 국민학교를 다닐 적에도 이 산장이 있었고, 이곳에서 사생 대회가 열렸다고 했다. 할머니는 아이들을 좋아했다. 봄 가을로 인근 초등학교에 연락해 잔디밭을 빌려주었다. 나 역시 초등학생 때 봄 소풍을 산장 부지로 갔다.

할머니는 주기적으로 인근 부락 주민들에게 잔디밭을 정리하게 했다. 그날 나도 일당을 받고 엄마와 품팔이를 나간 것이었다. 작업은 이틀간 이어졌다. 할머니는 챙 넓은 모자를 쓰고 언덕 위에 고고히 서서 들녘을 내려다봤다. 그녀는 평생 산장을 홀로 지켰다. 작고 왜소한 체구였지만 기품 있고 교양이 넘쳐 보였다. 할머니는 마을 사람들과 거리를 두고 교류하지 않았다. 그로 인해 뜬소문만 무성했다.

이튿날 엄마는 무슨 생각이었는지 차에 국화 화분을 실어다가 할머니에게 선물했다. 망울이 터지기 시작한 노란 소국은 엄마가 특히 아끼는 화분이었다. 할머니가 무척 기뻐하며 화초 값을 치르겠다고 했지만 엄마는 거절했다. 그렇게 일을 마치고 우리는 산장에서 내려왔다.

가을이면 우리 앞마당은 국화 화분으로 가득 찼다. 국화는 색도 다양했고, 꽃 한 송이가 국 사발보다 컸다. 화분 하나하나가 엄마의 자랑이었고 가을마다 엄마는 국화로 축제를 열었다. 국화는 서리만 맞지 않으면 오랫동안 시들지 않았다. 국화를 구경 온 사람들이 부러워하면, 엄마는 별것도 아니라며 부끄러운 척했지만 은근히 으스댔다. 시월이면 모든 국화가 만개해, 바람이 불 적마다 꽃향기가 마을을 휘감았다.

정오 무렵 밖에 매어놓은 잡종 개가 컹컹 짖어 밖을 내다봤다. 마을에 좀처럼 내려오지 않는 산장 할머니가 앞마당에 서서 국화 화분을 들여다보고 있었다. 나는 낮잠 자던 엄마를 흔들어 깨웠다. 엄마는 뻗친 머리를 손으로 빗으며 마당으로 나갔다. 엄마가 할머니를 대청으로 모셨다. 나는 스피커를 끄고 컴퓨터 게임을 했다. 게임하는 걸 엄마한테 들키면 눈 좀 아끼라는 따가운 잔소리를 듣기 때문이었다. 귀를 밖에 두고 눈으로는 모니터를 주시했다. 엄마가 커피를 타서 대청으로 내갔다. 할머니는 올해 벼농사 소출이 어떠냐 묻고는, 지난번 산장에서 자기가 생각 없이 꺼낸 말이 마음에 걸려 내려왔다는 용건을 꺼냈다.

"애기 엄마, 내가 몰라 그리 말했다카이. 맴에 담지 말고 노인네 주책 부렸다 이해해도."

내 이야기라는 것을 알고 게임을 멈췄다. 엄마는 화제를 돌렸다. 예전에는 산장에서 행사를 자주 벌이더니 요사이에는 어째 잠잠하냐 물었다. 할머니는 산장에 묶여 50년을 살아야 했던 자기 사연을 꺼내놓았다.

그녀는 대구 출생으로 일찍이 부모를 여의고 오라버니와 둘이 살았다. 살림은 곤궁했지만 수재였던 오라버니는 대학까지 진학했다. 그녀는 일찌감치 시장 포목점에서 일을 시작해 오라버니의 학비를 보태고 살림을 꾸려갔다. 그녀가 일하던 포목점의 주인은 사업을 늘려 커다란 섬유 공장도 운영했다. 그에게는 장성한 아들이 있었는데, 그녀의 오라버니와 친구 사이였다. 포목점과 섬유 공장은 나날이 규모를 늘려갔다. 그녀와 그녀의 오라버니 그리고 포목점집 아들은 자주 어울려 다녔다. 셋은 남매처럼 정이 들고 서로를 위했다.

그러던 와중에 포목점 주인이 뇌졸중으로 쓰러져 반신불수가 됐다. 후계자 교육을 받던 아들이 엉겁결에 사업을 이어받았다. 그는 친우였던 그녀의 오라버니를 회사 중책에 앉혔다. 그리고 그녀를 불러내 요청했다. 홀아비인 반신불수 아버지의 간병인이 되어달라고. 네가 그렇게만 해주면 평생 먹고살 재산을 줄 것이며, 오라버니의 인생도 자신이 책임질 거라고. 그녀는 그의 요청을 아프게 받아들였다.

산장은 노인의 요양을 목적으로 만들어졌다. 서른도 안 된 처녀가 생면부지 노인을 모시고 6년을 살았다. 할머니는 그 6년에 대한 이야기는 생략했다. 이후 산장은 사업에 필요한 고관대작 접대에 이용되었고 가족들의 별장으로도 쓰였다. 세월이 흘러 그녀의 인생을 이렇게 만든 원흉이나 다름없는 그가 아비와 같은 꼴로 산장에 몸을 위탁했다. 할머니는 그 시절 그와 살았던 날들이 인생 중 가장 행복했던 시간이었다고 회고했다. 원망했지만 사모하는 마음이 더 컸고, 밀어내고 싶었지만 수발을 드는 것이 기뻤단다. 그는 8년을 할머니와 살다가 작고했다.

이제 할머니에게 남은 것은 산장뿐이었다. 그러나 위기가 닥쳐왔다. 외환위기로 섬유 공장이 부도가 났다. 오라버니는 이미 은퇴했고 사업을 이어가던 남자의 자손들이 산장을 빼앗으려 했다. 하지만 할머니는 꿋꿋이 버텨내 산장을 지켰다.

그날 엄마와 깊은 이야기를 나눈 까닭이었을까? 할머니는 이따금 우리 집에 내려와 엄마와 이야기를 나누다 돌아갔다. 나는 다른 도시로 취업을 나가 한동안 엄마로부터 할머니의 근황만 간간이 전해 들었다.

할머니를 다시 만난 건 몇 해 지나 시내버스에서였다. 사실 나는 할머니를 알아보지 못했다. 엄마의 장례를 치른 뒤 시력이 급격히 떨어져 형체만 겨우 감지할 수 있었다. 그날은 읍내에서 엄마의 사망신고를 하고 돌아오는 길이었다. 시내버스에서 내리자 할머니가 나를 붙잡았다. 그러고는 엄마의 병세를 물었다. 엄마의 부고를 전달받지 못한 모양이었다. 나는 울컥 넘어오는 슬픔을 억지로 삼키고 부고를 전했다. 할머니가 "야가 뭐라 하노." 하고 믿기지 않는 듯 되물었다. 보이지 않았지만 놀란 할머니의 표정이 보이는 것 같았다. 나는 가까스로 참고 억누르고 있던 엄마 이야기를 누군가와 하고 싶지 않았다. 놀라 굳은 듯 꼼짝 않는 할머니를 뒤로하고 집을 향해 걸었다. 그러다 턱에 발이 걸려 몸이 휘청했다. 어느새 다가온 할머니가 나를 부축했다.

"그 재주 많은 사람이 억울해 어찌 갔노. 네 엄마는 너를 두고 어찌 발길을 뗐다카노."

할머니가 가방을 뒤져 꺼낸 손수건에 얼굴을 묻었다. 나도 고개를 돌리고 참고 있던 눈물을 쏟았다. 할머니가 자기 손수건으로 내 눈물을 닦아줬다.

터벅터벅 할머니와 길을 걸었다. 할머니는 갑자기 국화 이야기를 꺼냈다. 엄마가 선물했던 국화를 그해 그만 얼려 죽이고 말았단다. 나는 집에 국화 화분이 많으니 가져가시라고 했다. 그러자 할머니는 사양하며 말했다.

"야야, 아픈 추억은 남기지 말고 모두 내버리라."

인고의 세월을 견뎌낸 노인의 조언이었다. 나는 할머니의 충고를 새겨듣지 않고 엄마의 국화 화분을 욕심냈다. 엄마의 마지막 가을 축제를 내가 대신 하고 싶었다. 꽃은 몽우리를 터뜨리기 직전이었다. 물만 제대로 준다면 문제될 것은 없어 보였다. 하지만 내 마음과 달리 꽃은 주인의 부재를 알아차리기라도 한 듯 대개 개화해 보지도 못하고 말라 죽거나 반쯤 피다 시들었다. 그나마 만개한 꽃도 줄기가 휘거나 크기가 예전의 반도 되지 않았다. 나는 상심했다. 엄마의 마지막 국화 축제를 망쳐버린 것 같아 죄책감이 들었다.

이후 집에 살아 있는 식물을 전혀 들이지 않았다. 화초를 좋아했던 내 어머니가 떠올라서였다. 나는 아픈 추억을 피해 다녔다. 꽁꽁 숨겨두고 꺼내려 하지 않았다. 그렇게 십여 년의 세월이 흘렀다.

마트에 식자재를 사러 간 길이었다. 꽃집 앞을 지나치다 은은한 국화 향기를 맡았다. 나는 붙잡고 있던 카트를 멈춰 세웠다. 아련한 가을의 기억이 떠올랐다. 조금씩 과거의 추억을 헤집어 엄마의 가을 축제까지 도착했다. 가슴이 저렸지만 견디지 못할 정도는 아니었다. 십여 년 만에 처음으로 화분을 집에 들여볼까 하는 생각이 들었다. 순간 나는 알았다. 나 자신이 피하려고만 했던 과거의 슬픔과 마주할 준비가 되었다는 것을.

각자의 연민

우리 집은 한동안 개를 키우지 않았다. 타지에서 일하며 한 달에 한두 번 집에 들르는 아버지 때문이었다. 아버지는 사람을 좋아했고 키우던 개가 성견이 될라치면 친구들을 불러 보신탕 잔치를 벌였다. 엄마는 그 꼴이 보기 싫다며 개를 키우지 않았다. 나는 두어 달에 한 번씩 집에 돌아오는 아버지가 내 강아지에 눈독 들인다는 사실을 알았다. 엄마는 애가 제 용돈을 모아 산 강아지니 탐내지 말라고 아버지에게 경고했다.

해가 바뀌어 나는 중학생이 되었다. 중학교는 읍내에 있었고 버스를 타고 등교해야 했다. 읍내에 사는 새로 사귄 친구 하나가 인쇄소 집 딸이었는데, 간혹 주말에 아르바이트를 함께 하자고 했다.

아파트 문에 전단지를 붙이는 일이었는데, 중학교 1학년짜리에게는 큰 수입원이었다. 그 친구를 신처럼 모시며 아르바이트를 하게 해달라고 졸랐다.

여름방학을 앞둔 주말, 친구가 아르바이트를 알선해주었다. 아침부터 전단지를 들고 아파트 계단을 뛰어다니며 땀을 한 바가지 쏟았다. 집에는 오후 여섯 시가 넘어 도착했다. 파김치가 된 나는 이상한 점을 눈치채지 못하고, 마당에 서서 큰 소리로 들어왔다며 인사하고 내 방으로 들어갔다. 밖에 엄마의 차가 세워져 있었는데 집 안은 고요했다. 오랜만에 아버지가 집에 내려왔다. 평소라면 시끌벅적할 터였는데, 주방도 안방도 조용하기만 했다.

안방 문을 슬쩍 열어봤다. 사각팬티만 입은 아버지가 대나무 돗자리 위에서 선풍기 바람을 맞으며 정신없이 자고 있었다. 술을 어찌나 마셨는지 방 안이 술 냄새로 지독했다. 살며시 문을 닫고 엄마를 찾아 밖으로 나갔다. 동네를 한 바퀴 도는데 엄마와 남동생이 느티나무 밑 정자에 앉아 동네 할머니들과 수다를 떨고 있었다.

"왔니?"

나를 발견한 엄마가 멋쩍은 표정을 지었다. 수양 할머니가 자기 옆자리를 툭툭 치며 평상에 올라앉으라고 했다.

"네 아버진 뭐 하니?"

엄마가 화난 사람처럼 물었다.

"술에 취해 정신없이 자던데."

"화내지 말고 들어. 엄마가 한바탕했어. 네 아버지 사람 불러들이는 병 또 재발했어."

나는 그 말속에 함축된 내용을 눈치챘다.

"혹시 내 개 잡아먹었어?"

따지듯 묻자 엄마가 내 눈치를 살피며 고개를 끄덕였다. 화가 나서 부르르 떨었다. 당장이라도 아버지에게 따지려 일어섰다.

"개 값으로 삼만 원 줄 테니까 네가 참아!"

엄마가 내 팔을 잡아당기며 달랬다.

"왜 삼만 원이야! 성견이니까 십만 원 줘야지."

엄마한테 달려들듯 따져대자, 엄마는 길게 한숨을 내쉬고는 피곤한 얼굴로 적당히 마무리하자고 타일렀다. 수양 할머니도 엄마 편을 들며 나를 다독였다.

"야야야! 네 엄니 입장을 이해하거라. 오늘 손님 치르느라 여태 고생했어."

억울했지만 엄마도 속상해하고 있을 것을 알았기에 마른침을 삼키듯 화를 속으로 억눌렀다. 그래도 아버지는 차마 용서가 안 됐다.

여름방학이 시작되었다. 새로 사귄 읍내 친구들이 우리 집에 놀러 왔다. 엄마는 하루 종일 고추를 따면 인당 이만 원씩 주고 짜장면도 시켜주겠다고 우리를 꼬셔 고추밭으로 유인했다. 땡볕 아래 밭일이라고는 해본 적 없는 소녀 넷이 시합이라도 하듯 결연한 표정으로 고추를 따기 시작했다. 반면 이미 땡볕에 새카맣게 탄 나는 친구들이 얼마나 버틸지 의심스러운 눈으로 바라볼 뿐이었다.

열네 살 소녀들의 인내심이란 비닐 포대 두세 개를 겨우 채우는 것으로 바닥났다. 고작 그 일을 하고는 네 명 모두 얼굴이 새빨갛게 익어 고랑에 주저앉아 개처럼 혀를 빼고 헉헉대고 있었다. 그 꼴이 꽤나 우스웠다. 다음 날 아침, 친구들이 곡소리를 내며 일어났다. 엄마가 고추 따기 아르바이트를 하루 더 하고 가라고 붙잡았지만, 모두가 부리나케 달아났다. 그 후 친구들에게 우리 집은 기피 대상 1호가 되었다. 우리 집에 가자고 하면 모두가 몸서리를 쳐댔다.

주말을 앞두고 엄마가 집 청소를 시켰다. 아버지가 회사의 높은 분들을 모시고 휴가 삼아 내려온다는 것이었다. 나는 버럭 성질을 내며, 또 내 개를 잡아먹는 거 아니냐고 따졌다. 엄마는 설마 그러겠냐며 이번에는 절대 그럴 리 없다고 장담했다. 그러나 나는 엄마의 말을 믿지 못했다. 건넛마을에 사는 외삼촌 댁에 백구를 맡겼다. 그리고 주말 아침 일찍, 과제를 하러 도서관에 간다는 핑계를 대고 읍내로 도망쳤다. 하루 종일 도서관에서 책을 보다 오후 여섯 시 버스를 타고 집으로 돌아왔다. 대문을 들어서니 붉으락푸르락 잔뜩 골이 난 아버지가 대청에 앉아 나를 기다리고 있었다. 마음으로는 당당했지만 화가 난 아버지를 보자 겁이 났다.

"다녀왔어요."

내가 인사하자 아버지가 나를 노려보며 버럭 소리를 질렀다.

"제 어미가 날 무시하니 너도 날 무시하는구나! 넌 네 아비 우스운 사람 만드니까 좋으냐? 이 싸가지 없는 것아!"

아버지가 또 내 개를 노렸다는 사실에 화도 나고, 계획이 틀어진 게 고소하기도 했다.

"아빠! 적당히 좀 해! 자식이 용돈 모아 키워놓은 개를 홀랑홀랑 잡아먹고 싶어? 그럼, 돈이나 내놓든지. 농사일은 바빠 죽겠는데 왜 사람들을 자꾸 불러들여!"

내가 반격하자 아빠의 목에서부터 시작된 붉은 기가 점차 이마를 향해 올라갔다.

"뭐야! 이 싸가지 없는 계집애가!"

나도 눈에 불이 붙었다. 그간 쌓였던 울화를 쏟아냈다.

"창피하지도 않아? 처가 동네에 여태껏 얹혀사는 주제에 뭐가 그리 자랑이라고 사람들을 불러들여! 아빠는 체면이고 자존심이고 없어?"

아버지가 씩씩대며 뜨락에서 뛰어 내려와 내게 손을 올렸다. 큰소리를 듣고 방에서 나온 엄마가 그 광경을 보고 벼락처럼 소리를 질렀다.

"당신 지금 애한테 손 올렸어?"

아버지가 엄마의 호통에 움찔했다. 신발을 급하게 대강 신은 엄마가 내 앞에 서서 아버지에게 한바탕 퍼부었다. 나는 진저리 치며 대문 밖으로 나갔다. 엄마의 호통에 동네가 들썩였다. 나는 두 집 건너 있는 외할아버지 댁으로 들어가 마당 수도에서 물을 틀었다. 옷이 젖거나 말거나 얼굴에 물을 뒤집어썼다. 이렇게라도 화를 누그러뜨리지 않으면 터져버릴 것만 같았다.

이후 근 1년간 아버지가 집에 내려오는 날이면 나는 외가에 이불을 깔고 주말 내 외할아버지 옆에 있었다. 사정을 들은 외할아버지는 "그래도 네 아비여." 하고 나를 타일렀지만 나는 끙 소리를 내고 돌아누워 버렸다. 집에 돌아온 백구는 몇 년간 축사에 묶여 집을 지켰다. 나는 아버지와 끝내 화해하지 못한 채 장애인 학교에 입학했다. 엄마가 무슨 말을 하다가 그 끝에 아버지도 무척 속상해한다고 덧붙였다. 나는 그러려니 하며 듣고 넘겼다. 장애인 학교 입학 당시, 내 감정에 몰입돼 있어서 아버지의 마음을 따로 헤아릴 만한 여유가 없었다.

그 무렵 내 통장에는 이백만 원이 있었는데 그동안 모은 용돈과 아르바이트 비용을 저금한 것이었다. 엄마는 내가 장애인 학교에 입학할 즈음, 덩치가 가장 큰 암송아지를 내게 팔았다.

"이건 네 암송아지야. 내가 사료 값도, 키워주는 값도 받지 않을게."

엄마는 내 송아지를 부지런히 키워서 새끼를 내겠다고, 나를 부자로 만들어주겠다고 약속했다. 나는 기쁜 척 고개를 끄덕였다.

하지만 알고 있었다. 송아지 한 마리로 부자가 되려면 아주 긴 세월이 흘러야 한다는 사실을. 엄마가 절망에 빠진 내게 새로운 희망을 심어주고 싶어 한다는 것을. 아무렇지도 않은 척, 부러 밝은 목소리로 말하는 엄마의 옆모습을 가만히 바라보았다. 하고 싶은 대로 하고 사는 아버지를 뒤치다꺼리하면서 세월의 무게를 버텨온 엄마. 이제는 장애인 학교로 떠나는 딸의 가슴속에 희망의 불씨를 밝혀주려고 애쓰고 있었다. 그런 엄마가 안쓰럽고 측은해 보였다. 나는 연민이라는 감정이 무엇인지 그때 알았다.

고향이 되어줄게

명절이 가까워지자 동료들로부터 이번 명절에는 무슨 음식을 준비해 가면 되냐는 연락이 왔다. 나는 배달 음식을 시키면 되니 서로 부담 없이 가볍게 만나 한 끼 먹고 수다나 실컷 떨자고 말했다. 의도하지 않았지만 어느 순간부터 명절이면 으레 내가 있는 곳이 중심이 되어 눈먼 친구들이 모이기 시작했다. 말로는 싫다, 귀찮다 하면서 나도 모르게 명절 준비를 하고 있었다. 창고에서 곰솥을 꺼내 놓고 장을 봐다가 냉장고를 채웠다. 이런 내 행동에 실없이 웃음이 났다.

어린 시절 외가 동네에 더부살이하듯 살던 때는 명절이라는 단어만 들어도 인상이 절로 찌푸려졌다. 엄마 때문이었다. 엄마의 명절 준비는 보름 전부터 시작됐다. 추석에는 솔잎을 따다 말리는 일이 명절의 시작이었고, 설날에는 지난해 농사지어 방앗간에 맡겨놓았던 벼를 방아 찧어달라고 연통하는 것이 첫 단추였다. 우리 집 장독대 밑 지하실에는 가을에 담근 김장 김치로 가득했다. 수백 포기의 김장 김치도 헛간에 쌓인 쌀자루도 모두 꼴 보기 싫었다. 펴질 새 없는 허리 때문에 엄마가 끙끙 앓는 소리를 낼 적마다 눈을 흘기며 소리 없이 비난을 퍼부었다. 엄마는 명절에 들를 자신의 형제들을 위해 수고를 마다하지 않았다. 그런 엄마가 이해되지 않았다.

설날을 사흘 남기고 엄마가 만두소를 버무리며 연신 나를 불러댔다. 나는 컴퓨터 게임에 빠져 그 소리를 못 들은 척 무시했다. 분명 축사에 나가보라는 심부름을 시킬 것이 뻔했다. 새끼를 밴 암소가 곧 출산 예정이었다. 초산이라 출산 경험 없는 소를 세밀히 살펴줘야 했다. 여차하면 사람이 출산을 도와야 하기 때문이었다.

여러 차례 불러도 내가 대답조차 하지 않자 결국 엄마가 폭발했다. 우당탕탕 그릇 내던지는 소리가 내 등을 내려쳤다. 나는 긴 한숨으로 바닥을 짚고 몸을 일으켰다. 손이 날랜 엄마는 벌써 쟁반 하나 가득 만두를 빚어놨다.

"네 눈에는 어미 혼자 동동대는 게 안 보여? 안 시켜도 축사 한 번씩 내다봐주면 좀 안 되니? 제 아비 닮아서 곰같이 우둔해서는, 어떻게 시켜야 겨우 몸을 움직이니!"

엄마가 한바탕 화풀이를 해댔다. 나도 듣고만 있지 않았다.

"그 아비에 그 자식이지! 누가 일을 벌이라고 등 떠밀었나. 만날 화풀이는 나한테나 하고."

내가 빈정대자 엄마 얼굴이 호랑이처럼 사나워졌다. 반항은 이 정도에서 끝내야 했다. 얼른 점퍼를 주워 입고 축사로 나갔다.

하늘은 하루 종일 잿빛이었다. 손끝이 고드름처럼 굳어갔다. 축사를 한 바퀴 둘러봤다. 소들도 매서운 한파에 몸을 웅크리고 흰 입김을 푸푸 뿜어내고 있었다. 출산을 앞둔 암소가 물통 안에서 꽝꽝 언 얼음을 혀로 핥았다. 나는 고무장갑을 찾아 끼고, 물통의 얼음덩어리를 깬 뒤 양동이에 받은 뜨거운 물을 물통마다 채웠다. 소들은 갈증을 참고 있었는지 금세 물통을 비웠다. 적당히 물통을 채우고 습관처럼 닭장을 들여다봤다. 닭들이 알 낳는 상자는 예상대로 텅 비어 있었다. 한겨울에는 암탉들이 알 낳기를 멈추었다. 이따금 수탉이 제 식구들한테 군기라도 잡듯 목청을 높였다. 못난 가장의 졸렬함은 인간이나 짐승이나 매한가지라는 생각이 들었다.

목을 축인 소들이 자리에 웅크리고 앉아 되새김질했다. 출산을 앞둔 암소만 엉거주춤 서서 제 몸을 혀로 핥아댔다. 몸이 불편해서인지 잠시 앉았다가도 힘겹게 일어서기를 반복했다. 나는 바닥에 건초를 넉넉히 깔아줬다. 내가 축사를 돌보는 사이 엄마는 만두를 한 솥 쪄서 김을 날리고 또 가스불에 찜솥을 올렸다.

"이왕 낳을 거면 명절 전에 빨리 나와야 쓰겄는디."

엄마의 걱정이 식어가는 흰 만두 위에 내려앉았다. 최악의 예감은 항상 들어맞기 마련이다.

암소는 명절 전날 점심부터 해산 조짐을 보였다. 나는 축사를 연신 오가며 보초를 섰다. 배가 아픈지 어미 소가 긴 꼬리로 제 배를 툭툭 치더니 벌서듯 꼬리를 하늘로 쳐들었다. 이미 어미가 된 소들이 산통을 시작한 제 식구를 달래듯 밍밍대며 한마디씩 거들었다. 내가 할 수 있는 일이라고는 물통에 뜨거운 물을 붓고 건초를 까는 것밖에 없었다. 차례 음식을 만들던 엄마가 걱정이 됐는지 앞치마 차림으로 축사를 들여다봤다. 마침 암소가 자리를 잡고 눕더니 힘을 주기 시작했다. 소가 해산하는 모습은 어려서부터 여러 차례 본 적 있어 신기하거나 놀라운 광경은 아니었다. 엄마도 일하던 것을 정리하고 축사로 나와 암소를 지켜봤다. 그런데 한참을 기다려도 양수가 터지지도 분비물이 나오지도 않았다. 암소는 되레 산통이 멈췄는지 쳐들었던 꼬리를 내리고 건초를 우물우물 먹기 시작했다. 우리는 속았다며 각자 잠시 멈췄던 일을 다시 시작했다.

엄마는 차례상에 올릴 음식을 만들고 나는 마당을 쓸고 제기를 꺼내다 닦았다. 한참 일을 하고 있는데 괜히 축사를 내다보고 싶었다. 금세 들어올 요량으로 점퍼도 걸치지 않고 슬리퍼를 신고 나갔다. 흘깃 축사를 들여다보는 데 불안한 신음이 나를 잡아당겼다.

소들이 저들끼리 속닥이듯 밍밍 소리를 냈다. 눈을 뗀 잠깐 사이에 소가 해산을 하고 있었다. 이미 양수는 터져 있었고 조그마한 발굽이 어미 소 몸에서 빠져나오는 중이었다. 나는 황급히 엄마를 불렀다. 힘을 주는 어미의 입김이 공기 중에 흰 안개를 퍼뜨렸다. 어찌나 힘을 주는지 누런 털이 땀에 젖어 붉게 보였다.

힘을 주던 소가 돌연 이상 행동을 보였다. 안간힘을 쓰고 일어나더니 방금 전까지 해산 중인 것을 잊기라도 하듯 건초를 입에 가득 물고 태연히 씹어 삼켰다. 이대로 시간을 지체하다가는 송아지도 어미 소도 위험해질 것만 같았다. 양껏 여물을 먹던 소가 다시 자리를 잡고 앉았다. 그러고는 느긋하게 되새김질했다. 애타는 쪽은 지켜보는 이들이었다. 엄마가 잠시 자리를 비켜주자며 나를 이끌고 집으로 들어갔다.

꽁꽁 언 몸을 녹이고 다시 축사로 나가는데 입술에 차가운 감각이 느껴졌다. 회색 하늘에서 나풀나풀 흰 눈이 쏟아졌다. 어미 소가 다시 해산을 시작했다. 작은 발굽과 관절이 힘겹게 세상 밖으로 나오고 있었다. 엄마는 새 목장갑을 들고 전전긍긍했다. 평소라면 어미 소를 도와 송아지를 꺼낼 것이었다. 하지만 지금은 차례상에 올릴 음식을 만드는 중이었다. 나는 엄마의 마음을 읽고 목장갑을 낚아채서 손에 꼈다. 엄마는 말리는 척하더니 자기가 신호를 보내면 힘껏 다리를 잡아당기라고 지시했다. 양수로 젖어 미끄러운 송아지의 두 다리를 힘껏 잡고 준비했다. 어미 소가 힘을 주자 엄마가 내게 당기라는 신호를 보냈다. 두 번, 세 번, 엄마의 신호에 맞춰 온 힘을 다해 두 다리를 잡아당겼다. 그리고 어느 순간 송아지가 쑥 딸려 나왔다. 양수에 젖은 송아지는 볼품없었다. 엄마가 소독한 가위로 탯줄을 잘랐다. 나는 수건으로 송아지를 닦았다. 어미 소는 기진맥진해서는 새끼를 쳐다보지도 않았다. 경험 없는 어미가 이렇게 새끼를 방치해 얼어 죽이는 일이 종종 있었다. 어린 짐승이 어미를 찾아 메메 소리를 냈다. 보다 못한 내가 송아지를 번쩍 안아 어미 소 앞으로 옮겨놨다. 보통의 어미 소는 출산을 하자마자 제 새끼를 혀로 핥아주고 분비물을 몽땅 먹어 없앤다. 배울 필요 없는 본능이었다. 새끼가 제 어미를 향해 울어댔다. 그런데 어미는 새끼에게 도통 관심을 갖지 않고 흰 입김만 푸푸 뿜어냈다. 엄마가 전선을 연결해 드라이기 코드를 콘센트에 꽂았다. 내가 드라이기를 받아 송아지를 말렸다. 엄마가 연신 내게 미안하다고 굽신대며 빨리 음식을 마무리하고 돕겠다 말했다. 어미 소는 끝끝내 제 새끼에게 조금의 관심도 보이지 않았다. 급기야 송아지가 젖을 찾아 다가가면 발길질을 해서 새끼를 쫓아버렸다. 갓 태어난 어린 짐승이 바닥에 쓰러져 야속한 제 어미를 원망하듯 울어댔다.

　부랴부랴 일을 마친 엄마가 돌아와 억지로 짠 젖을 송아지에게 먹였다. 하지만 턱없이 부족한 양이었는지 송아지는 빈 젖병을 계속 빨아댔다. 나는 화가 나서 어미 소의 한쪽 뒷다리를 밧줄로 묶고 밧줄의 다른 쪽은 기둥에 매달았다. 그러고는 송아지를 끌어다가 젖을 먹였다. 세 다리로 선 어미 소는 꼼짝도 못했다. 그 모습을 보던 엄마가 웃으며 잔꾀 쓰는 것은 자기를 닮았다고, 칭찬인지 욕인지 알 수 없는 혼잣말을 뇌까렸다.

어미 소는 끝내 제 자식을 외면했다. 어린 송아지는 분유를 먹고 자랐다. 그래서인지 제 어미가 팔려 가는 날도 무심히 사료를 먹고 다른 소들 틈에서 뛰어놀았다. 나는 피가 당긴다는 말은 헛소리라는 것을 그때 알았다.

곰솥이 덜그럭거리며 김을 내뱉는다. 손이 데어가며 지단을 부치고, 가래떡을 물에 불린다. 내게 찾아올 식구들을 위해 밥을 짓는다.

엄마가 돌아가시고 나는 고향을 잃었다. 명절은 그 어느 때보다 쓸쓸하고 외로운 날이었다. 그러다 나와 같은 시각장애인 동료들이 내 집에 하나둘 모이기 시작했다. 이상스럽게도 혈연으로 묶인 가족보다 같은 장애를 갖고 살아가는 동료들이 더 편하고 의지가 된다.

이제야 나는 엄마의 마음을 이해한다. 엄마도 나처럼 누군가의 고향이 돼주고 싶었으리라. 쌓인 노고와 희생은 반가운 이들과 재회하는 순간 모두 잊고 말았을 거다.

검은 불꽃과 빨간 폭스바겐

토요일 아침, 출근 전부터 퇴근길을 걱정했다. 새로 이사한 집은 여의도와 인접했다. 오늘 여의도에서는 불꽃 축제가 있을 예정이었다. 이런 대규모 행사가 있는 날이면 장애인 콜택시는 거의 마비 수준이다.

나는 출근하자마자, 오늘은 조기 퇴근을 하겠다고 선언했다. 예약 상황을 살피니 다행스럽게도 오후 스케줄이 한가했다. 일찍 몸을 빼도 눈치를 볼 필요가 없었다. 뉴스는 정오부터 여의도 상황을 전하며, 백만 인파가 예상되니 어쩌니 하며 혼잡함을 예고했다. 반면 마사지 숍은 한가하기 이를 데 없었다. 마감 시간까지 마사지 숍을 지킬 당번을 동료들과 정하고, 오후 다섯 시가 넘자 당번 아닌 직원들은 슬슬 퇴근을 시작했다. 나도 장애인 콜택시를 호출했다. 운 좋게도 30분 만에 택시가 잡혔다. 내가 퇴근하는 도로는 다행히도 통제 구간이 아니었다.

도로는 생각과 달리 한산했다. 창밖에 시선을 두고 있다가 문득 세상이 궁금해졌다. 기사에게 가로수에 단풍이 지고 있는지 물었다. 그는 아직 나무가 푸릇하다고 일러주었다. 바람은 제법 가을답게 스산했다. 일주일 사이에 밤이 고요해졌다. 풀벌레들이 몽땅 야반도주라도 한 것 같았다. 올여름은 경험해본 적 없는 긴 더위였다. 계절은 예고 없이 뒤바뀌었다. 급하게 외투를 꺼내 입었다. 마음의 준비 없이 가을이 얼굴을 들이밀었다. 준비되지 않은 이별은 반칙처럼 느껴졌고 나는 별안간 찾아온 가을이 반갑지 않았다.

오후 여섯 시도 되기 전에 일찍 잘 준비를 하고 침대에 파고들었다. 읽고 있던 책을 듣다가 잠들 계획이었다. 창을 활짝 열어놨더니 제법 공기가 서늘했다. 첫 번째 불꽃이 터지기 전까지 나는 침대 속에서 안온한 행복에 취해 있었다. 아주 멀리서 호루라기 소리와 자동차 경적 소리가 희미하게 들려왔다. 그 소란은 너무도 미미해서 집중해 듣지 않으면 인식하지 못할 정도의 데시벨이었다. 하지만 불꽃이 터지기 시작하자 나는 더 이상 책에 집중할 수 없었다. 열어둔 창으로 대기를 울리는 진동이 집 안으로 파고들었다.

"파자작 둥둥."

불꽃의 폭발이 너울처럼 하늘을 쓸고 다녔다. 나도 모르게 이불을 걷고 일어나 거실 창 앞에 섰다. 고개를 들어 하늘을 올려다봤다.

"파바바박 쿵 슈욱 쾅."

불꽃 소리는 연신 들리는데 내 시야에 들어오는 빛은 없었다. 당연했다. 내 남은 시력으로는 밤과 낮만 겨우 감지할 수 있을 뿐이었다. 눈에 힘을 주었다. 더 높이 하늘을 올려다봤다. 갑자기 미치도록 불꽃이 보고 싶었다. 발로 창틀을 짚고 올라섰다. 방충망을 열고 고개를 밖으로 내밀었다. 소리의 근원을 찾아 하늘을 훑어봤다.

장애를 잊고 살다 불현듯 실감할 때가 있다. 지금이 그랬다. 세상이 너무도 보고 싶어서 눈가가 빨개질 때까지 두 눈을 비벼댄다. 이루어지지 않을 것을 알면서 무의미한 행동을 반복한다. 어리석다 자책하면서도 이 순간은 기적을 믿고 싶어진다.

꼭 감았던 눈을 슬며시 떠본다. 역시 캄캄한 현재와 미래가 나를 조용히 굽어보고 있을 뿐이다. 두 눈에 들어차는 것은 절망이다. 신파는 질색인데 울컥 울분이 체념이 되어 뺨을 적신다. 창틀에 걸터앉아 유리창에 머리를 기대고 마음을 달랜다. 이 와중에도 불꽃은 사정없이 하늘과 내 어둠을 희롱한다. 오늘 함께 뉴스를 보던 내 눈먼 동료는 밤에 비가 왔으면 좋겠다고 심술을 부렸다. 듣고 있던 동료들이 마음을 곱게 쓰라고 타박했다. 그는 오늘 당번으로 늦은 시간까지 손님 하나 없는 마사지 숍을 지키고 있을 것이다.

'그도 나처럼 새카만 불꽃을 보고 있겠지!'

그에게 심보가 못됐다고 동료들과 통박을 준 게 조금 후회됐다. 휴대전화로 날씨 앱을 열어 일기 예보를 살폈다. 내일 비 소식이 있었다. 그 사실에 손으로 뺨을 훔치며 피식 웃고 말았다. 비가 한바탕 세상을 적시고 나면 가을이 부쩍 깊어질 것이다.

그러고 보니 시월이었다. 농촌은 본격적인 타작 시즌으로 바쁠 것이다. 어디선가 내 젊은 어머니의 걱정이 들려왔다.

"가을비는 농사에 하등 쓸모 없는디."

늦은 저녁, 흙투성이 몸으로 겨우 한술 뜨며 텔레비전 속 비 소식을 전하는 기상 캐스터를 야속하게 바라보던 엄마의 얼굴도 생각났다. 바람을 동반한 가을비는 농사꾼들에게 재앙 같았다. 유난히 그해 농사를 잘 지어놓을수록 늦은 태풍이 북상해 심술을 부려 댔다. 비바람이 쓸고 간 들녘에는 농부들의 담배 연기가 시름과 섞여 힘없이 휘날렸다.

벼농사를 많이 짓던 우리 집도 비 소식에 민감했다. 타작은 모두 기계화되었기 때문에 일꾼들에게 새참만 내주고 함께 미곡 처리장으로 이동해 소출량을 확인하고 영수증만 받아 오는 것으로 끝이 났다. 일은 그다음부터였다. 논에는 알곡을 털고 남은 짚단들이 널려 있었다. 소를 사육하던 우리집은 건초를 저장해야 했다. 건초는 겨우내 소들을 먹일 양식이었다. 기업형으로 축산을 하는 농가들은 발전된 현대식 축산 기술을 도입해 필요한 기계를 모두 갖추고 있어, 건초를 거둬들이고 저장하는 데 어려움이 없었다. 반면 소농들은 기계가 하는 일을 몸으로 때워야 했다. 농부들은 가을볕에 건초를 앞뒤로 뒤집어가며 바싹 말렸다. 그래야만 압축된 건초가 썩지 않기 때문이다. 예전에는 건초를 일일이 손으로 묶어 다발로 만들었다면, 압축기가 나온 뒤로는 사람이 볏짚을 모을 필요 없이 기계가 건초를 뭉친 뒤 직사각형의 블록 형태로 만들었다. 보통 농기계 임대 사업자들은 벼 베기용 콤바인을 대여하는 예약이 모두 끝나야 건초 기계 대여를 시작했다. 그래야 논바닥에 널린 볏짚이 마르기 때문이다.

엄마는 수시로 건초를 뒤집으며 비가 오지 않기만을 기도했다. 하지만 야속하게도 꼭 비 소식이 있으면 그제야 기계가 논으로 들어왔다. 압축된 건초 블록이 비를 맞으면 속부터 썩어 들어가 퇴비가 되어버린다. 그런 일을 방지하려 나와 엄마는 부지런히 압축된 건초 블록을 한곳에 모아 차곡차곡 높이 쌓았다. 그러고는 비가 들이치지 않게 비닐을 씌웠다. 이렇게 작업을 해두었다가 하루 날을 잡아 트럭을 빌리고 일꾼을 고용해 집으로 건초 블록을 들였다.

날이 어둑해지자 나는 먼저 집으로 돌아왔다. 야맹증 때문에 일을 도울 수 없었기 때문이다. 집에 돌아와 목장갑을 벗으니 손에 물집이 잡혀 있고 손아귀가 아팠다. 엄마는 밤이 이슥해서야 들에서 돌아와 뉴스를 보며 허기를 채웠다. 텔레비전에서는 기다렸던 일기 예보가 방송됐다. 내일부터 가을비가 며칠간 이어진다는 한탄스러운 소식이었다. 논에는 갈무리하지 못한 건초 더미가 가득 있었다. 더욱이 올해는 소를 두 마리 더 늘린 만큼 인근 논들의 건초를 사들였다. 그 논들에도 건초 더미가 그대로 널브러져 있었다.

잠자리에 누웠던 엄마가 벗어놓았던 작업복을 주워 입더니 랜턴을 들고 들로 나섰다. 나는 차마 잡지 못했다. 엄마의 조급한 마음을 이해했다. 밤눈이 어두워 도울 수 없는 상황이 한스러웠다. 엄마는 자정이 넘어서도 들어오지 않았다. 나는 선잠에 들었다가 깰 적마다 엄마의 이부자리를 살폈다. 새벽 두 시가 넘어서도 엄마의 이부자리는 비어 있었다. 나는 몸을 일으켜 작업복으로 갈아입고 다시 눈을 붙였다. 날이 밝으면 곧바로 들로 뛰어나갈 태세로 말이다. 죄스럽게도 잠은 계속 내 눈꺼풀을 아래로 잡아당겼다. 까무룩 잠이 들었다가 깜짝 놀라 몸을 벌떡 일으켰다. 창으로 어스름 날이 새고 있었다. 엄마의 이부자리는 여전히 비어 있었다. 나는 물을 끓여 보온병에 믹스커피를 탔다. 눈으로 바깥 사물이 조금씩 구별됐다. 하지만 명확히 보이는 건 아니었다. 나는 어둠을 헤치고 더듬대며 들로 나섰다.

가을 공기는 눅눅하고 서늘했다. 밤이슬이 내려앉은 잡풀들이 바지를 쓸어댔다. 그 바람에 바짓단이 금세 축축이 젖었다. 마을과 가장 가까운 논에 다다르자 엄마를 소리쳐 불렀다. 대답은 없었다. 하천 다리를 건너 다른 논으로 향했다. 길을 가로질러 늘어놓은 물호스에 발이 걸려 몸이 휘청했다. 숨을 돌리며 들에다 목청 높여 엄마를 불렀다. 저 멀리서 엄마의 목소리가 희미하게 들렸다. 눈앞에 엎어진 어둠이 푸른 안개처럼 서서히 걷혀갔다.

나는 엄마 목소리가 들리는 방향으로 농로를 달려갔다. 엄마는 왜 나왔냐고 타박하면서도 내가 반가운 듯했다. 논에 가득 굴러다니던 건초 더미들은 두 무더기로 쌓여 정리되어 있었다. 엄마가 논둑으로 걸어 나왔다. 그러고는 쓰러지듯 주저앉았다. 내가 얼른 보온병을 꺼내 종이컵에 믹스커피를 따랐다. 엄마가 흙투성이 목장갑을 낀 채로 종이컵을 받아 들었다. 멀리 산 너머가 희끄무레해지더니 금세 날이 밝아졌다. 엄마는 커피 두 잔을 연거푸 마시곤 담배 생각이 나는지 목장갑을 벗었다.

엄마의 맨손은 처참했다. 물집이 잡혀 터진 자리에 피딱지가 앉았고 손은 퉁퉁 부어 있었다. 손이 아파 담뱃불조차 도저히 붙이지 못하겠다며 내게 불을 붙여달라고 했다. 주머니에서 라이터를 꺼내 엄마가 물고 있는 담배에 불을 붙였다. 뿌연 연기가 일기예보와 달리 말끔한 가을 하늘로 날아갔다. 동쪽 산 너머 해가 떠오르며 빛이 들판을 삼켰다. 밤이슬에 젖은 풀 줄기가 유리로 코팅된 것처럼 차갑게 반짝였다. 피곤에 지친 엄마 얼굴은 거뭇했고 꺼진 눈이 구만 리는 돼 보였다.

우리는 말없이 해가 뜨는 신작로 방향을 바라봤다. 그때 저 멀리 굉음을 내며 달려오는 빨간 폭스바겐이 보였다. 그 차는 레이싱이라도 하듯 빈 아스팔트 길을 빠르게 주행했다.

그 순간이었다. 엄마가 갑자기 커다란 목소리로 빨간 폭스바겐을 향해 욕을 해댔다.

"잘 가라! 이 개자식아."

엄마의 돌발 행동에 순간 정지되었다가 온몸을 떨며 웃었다. 엄마도 자기 행동이 웃겼는지 나를 따라 낄낄댔다. 아침부터 이유 없이 욕을 먹은 빨간 폭스바겐은 금세 시야에서 사라졌다.

창밖에는 보이지 않는 불꽃이 펑펑 연속해 터졌다. 나는 야속한 하늘에다 대고 엄마처럼 울화를 쏟아냈다.

"불꽃 따위 안 보여도 난 잘 먹고 잘 살 거다. 이 더러운 세상아!"

나는 내 행동이 우스워 그때처럼 낄낄낄 웃었다.

에필로그

매주 목요일, 한강을 건너갑니다. 합정역 플라멩코 스튜디오에서 수업을 받고 다시 전동차에 몸을 싣습니다. 두근대는 기대로 창 앞에 섭니다. 그리고 석양을 기다립니다.

제 눈으로 느낄 수 있는 유일한 색채는 빨강입니다. 2년 넘게 한강을 건너다녔지만 제대로 석양을 느낀 날은 손에 꼽을 정도로 적습니다. 전동차 안에서 한강을 건너는 촌각에 가까운 시간, 눈으로 들이치는 붉은빛은 저를 황홀하게 만듭니다. 그 짧고 따듯하고 황홀한 순간이 불행을 견뎌낼 힘이 됩니다.

3년 전부터 여행 준비를 시작했습니다. 돈을 모으고 예쁜 사진을 위해 머리를 길렀으며 춤을 배웠습니다. 이 책이 나올 때쯤 저는 곧 낯선 나라로의 여행을 앞두고 있을지도 모릅니다.

하지만 찰나의 시간에 온몸으로 석양빛을 보았던 것처럼 저는 여행에서 최고의 석양들을 보고 듣고 느낄 것입니다. 그리고 그 경험은 캄캄한 미래와 맞설 용기, 꺼지지 않는 저의 열정이 되리라 믿습니다. 늘 응원해주셔서 감사합니다.

검은 불꽃과 빨간 폭스바겐

낯선 경험으로 힘차게 향하는 지금 이 순간

1판 1쇄 찍음 2025년 3월 31일
1판 1쇄 펴냄 2025년 4월 7일

지은이 조승리

편집 길은수 최서영 김지향
교정교열 안강휘
디자인 김혜수
미술 이미화 김낙훈 한나은
마케팅 정대용 허진호 김채훈 홍수현 이지원 이지혜 이호정
홍보 이시윤
저작권 남유선 김다정 송지영
제작 임지헌 김한수 임수아 권순택
관리 박경희 김지현 박성민

펴낸이 박상준
펴낸곳 세미콜론
출판등록 1997. 3. 24. (제16-1444호)
06027 서울특별시 강남구 도산대로1길 62
대표전화 515-2000
팩시밀리 515-2007
편집부 517-4263
팩시밀리 515-2329

ISBN 979-11-94087-66-3 03810

세미콜론은 민음사 출판그룹의
만화·예술·라이프스타일 브랜드입니다.
www.semicolon.co.kr

엑스 semicolon_books
인스타그램 semicolon.books
페이스북 SemicolonBooks